More giants of the keyboard

Arrau Cziffra Horowitz
Lipatti Rubinstein

with valuable assistance from Michael Gray

Discographies compiled by John Hunt

giants of the keyboard

3   Acknowledgement
4   Introduction
7   Claudio Arrau
93   Georges Cziffra
163 Vladimir Horowitz
259 Dinu Lipatti
289 Artur Rubinstein
418 Credits

More Giants of the Keyboard
Published by John Hunt.
Designed by Richard Chluparty
Drawings by Brian Pinder
© 1998 John Hunt
reprinted 2009
ISBN 978-1-901395-95-2

Sole distributors:
Travis & Emery,
17 Cecil Court,
London, WC2N 4EZ,
United Kingdom.
(+44) 20 7 459 2129.
sales@travis-and-emery.com

acknowledgement: these publications have been made possible by contributions and advance subscriptions from

Masakasu Abe, Chiba
Richard Ames, New Barnet
Stefano Angeloni, Frasso Sabino
Stathis Arfanis, Athens
Yoshihiro Asada, Osaka
Jack Atkinson, Tasmania
Brian Capon, Glasgow
Eduardo Chibas, Caracas
Robert Christoforides, Fordingbridge
F. De Vilder, Bussum
Richard Dennis, Greenhithe
John Derry, Newcastle-upon-Tyne
Hans-Peter Ebner, Milan
Henry Fogel, Chicago
Peter Fu, Hong Kong
Nobuo Fukumoto, Hamamatsu
Peter Fulop, Toronto
James Giles, Sidcup
Guy Glenet, Bordeaux
Jens Golumbus, Hamburg
Jean-Pierre Goossens, Luxembourg
Johann Gratz, Vienna
Michael Harris, London
Tadashi Hasegawa, Nagoya
Naoya Hirabayashi, Tokyo
Martin Holland, Sale
Bodo Igesz, New York
Richard Igler, Vienna
Shiro Kawai, Tokyo

Andrew Keener, New Malden
Koji Kinoshita, Osaka
Detlef Kissmann, Solingen
John Larsen, Mariager
Elisabeth Legge-Schwarzkopf DBE, Zürich
John Mallinson, Hurst Green
Carlo Marinelli, Rome
Finn Moeller Larsen, Virum
Philip Moores, Stafford
Bruce Morrison, Gillingham
W. Moyle, Ombersley
Alan Newcombe, Hamburg
Hugh Palmer, Chelmsford
Jim Parsons, Sutton Coldfield
Laurence Pateman, London
James Pearson, Vienna
Johann Christian Petersen, Hamburg
Tully Potter, Billericay
Patrick Russell, Calstock
Yves Saillard, Mollie-Margot
Neville Sumpter, Northolt
Yoshihiko Suzuki, Tokyo
H.A. Van Dijk, Apeldoorn
Mario Vicentini, Cassano Magnago
Hiromitsu Wada, Chiba
Urs Weber, St Gallen
Nigel Wood, London
G. Wright, Romford
Ken Wyman, Brentwood

more giants of the keyboard

Whereas my previous piano discography (Giants of the keyboard, 1992 - now out of print) was heavily weighted in favour of the German school, I have this time gone further East in Europe, to Poland, Rumania, Russia and Hungary in fact, and in the case of Claudio Arrau beyond Europe altogether: he has his origins in Chile, although of course musically he was educated in Berlin. Horowitz and Rubinstein were to become honoured American citizens, whilst Cziffra and Lipatti remained firmly anchored in their European homeland.

What is it, therefore, that unites this seemingly incongruous group of keyboard masters? The years of their birth span that period when piano schools were still strongly dominated by the great pedagogues who had enjoyed direct contact with the 19th century's performing virtuosi, men like Franz Liszt and Feruccio Busoni, to name only the most obvious ones.

A major element in this pianistic environment was the art of improvisation. It is perhaps surprising that the recorded legacies of a Rubinstein or Horowitz contain comparatively few examples of that art. Was the age of purism or "authenticity" already influencing public taste in the 1930s and 1940s? When, in the late 1950s, a new and flamboyant representative of the virtuoso tradition sprang upon the scene in the person of Georges Cziffra, misgivings bordering on the sceptical and even on snobbery greeted his incredible virtuosity in some quarters. Cziffra's choice not to continue as the peripatetic traveller but instead to confine himself largely to an appreciative French public, also contributed to a lessening of the impact which his prowess deserved. Other sceptics of course claimed a deterioration of Cziffra's powers, but then similar claims were made about Horowitz and Rubinstein - public adulation into their extreme old age told a different story, however.

The sonorities of Claudio Arrau were more heavily influenced by the serious German tradition, although Arrau's teacher too had been a Liszt pupil. Alone of our pianists, Arrau set down on disc (almost) two complete cycles of Beethoven sonatas. His Chopin and Liszt may be less heavily perfumed than that of some colleagues, but integrity is always to the fore - and, on the recorded evidence, he is a Debussian to rival Walter Gieseking.

A case apart is that of Dinu Lipatti. As in the case of other executant musicians of his generation who died before reaching full maturity - Ferrier, Neveu or Cantelli - it is well nigh impossible to make a conclusive assessment. Yet in a brace of recordings captured by producer Walter Legge in a fight against time, Lipatti emerges with a wisdom belying his age. There are no complete cycles here, but we are left with a gallery of gems from Bach, Mozart and Scarlatti through to Lipatti's near contemporaries Ravel and Enesco. It is a gallery whose place in pianistic history cannot be disputed.

When does a piano transcription become an original composition? Particularly in the case of Cziffra's discography, this is a question which cannot be avoided. Horowitz, too, offers at least a couple of recordings in which works bearing his own name contain elaborate re-workings of themes from other composers (Carmen Variations is an example). For the purposes of cataloguing, I tend to list such works under the original comoposer's name, however extended the element of extemporisation may be.

Although I attempt to list most major issues in all the various formats starting with 78rpm shellacs, and ending up with the latest CD version, certain gaps will inevitably still remain. I am therefore always happy to hear from collectors who can supply details which I have missed. In the case of Cziffra, EMI France were unwilling to clarify certain confusions surrounding particular recording sessions, and my request for information on a mammoth 33-CD ecition of all the pianist's recorcings fell on deaf ears. To those who did help, and they are listed at the end of this volume, I express as usual my deepest gratituce.

Claudio Arrau
1903-1991

ISAAC ALBENIZ (1860-1909)

iberia

New York
12 August-
2 October
1947

78: Columbia (USA) M 757
LP: Columbia (USA) ML 4194/7464 352291
CD: Arlecchino ARL 168
CD: Dante HPC 079

JOHANN SEBASTIAN BACH (1685-1750)

partitas 1, 2, 3 and 5

Switzerland
26 March-
7 April
1991

CD: Philips 434 9042/446 8592

goldberg variations

New York
28 January-
12 March
1942

CD: RCA/BMG RG 78412
Unpublished Victor recordings

Chromatic fantasy and fugue in d

New York
22 February
1945-
22 February
1946

CD: RCA/BMG RG 78412
Unpublished Victor recordings

MILY BALAKIREV (1837-1910)

islamay, oriental fantasy

Berlin
1928

78: Grammophon 95 113
78: Decca CA 8165
LP: Desmar GHP 4001-4002
CD: Dante HPC 001

LUDWIG VAN BEETHOVEN (1770-1827)

piano concerto no 1

London 1 May- 7 October 1958	Philharmonia Galliera	LP: Columbia 33CX 1625 LP: Angel 35723 LP: Quintessence PMC 7071 CD: Pantheon D 15070 CD: EMI CZS 767 3792

Amsterdam
9-13
June
1964
	Concertgebouw
	Orchestra
	Haitink
		LP: Philips A02408L/835 281AY/837 749LY/
		    BAL 20/SBAL 20/SAL 3712/6570 167/
		    6580 122/6768 350/6770 014
		LP: Philips (USA) PHS 5970/SC71 AX501

Dresden 6-11 February 1987	Dresden Staatskapelle Davis	CD: Philips 422 1492/422 0662

piano concerto no 2

London 2 May- 7 October 1958	Philharmonia Galliera	LP: Columbia 33CX 1696/SAX 2346 LP: World Records T 568/ST 568 LP: Quintessence PMC 7072 CD: Pantheon D 15070 CD: EMI CZS 767 3792

Amsterdam
22-23
September
1964
	Concertgebouw
	Orchestra
	Haitink
		LP: Philips A02409L/835 282AY/839 751LY/
		    BAL 20/SBAL 20/SAL 3714/6570 173/
		    6580 123/6768 350/6770 014
		LP: Philips (USA) PHS 5970/SC71 AX501

Dresden 13-14 October 1987	Dresden Staatskapelle Davis	CD: Philips 422 1492//422 0662

piano concerto no 3

Philadelphia 24 December 1947	Philadelphia Orchestra Ormandy	78: Columbia (USA) M 917 LP: Columbia (USA) ML 4302/Y 34601 LP: Columbia 33CX 1080 LP: Columbia (Italy) 33QCX 10075 LP: Philips SBR 6252
London 20 April 1957- 22 June 1958	Philharmonia Galliera	LP: Columbia 33CX 1616 LP: Angel 35724 LP: Quintessence PMC 7073 CD: Pantheon D 15070 CD: EMI CZS 767 3792
Paris March 1959	Orchestre National Schuricht	CD: Melodram MEL 27504
Amsterdam 8-10 September 1964	Concertgebouw Orchestra Haitink	LP: Philips A02410L/835 283LY/BAL 20/ SBAL 20/SAL 3735/6570 1045/6580 078/ 6768 350/6770 014 LP: Philips (USA) PHS 5970/SC71 AX501
Dresden 6-11 February 1987	Dresden Staatskapelle Davis	CD: Philips 422 1492/422 1482/432 0402

piano concerto no 4

London 30-31 May 1955	Philharmonia Galliera	LP: Columbia 33CX 1333 LP: Angel 35300 LP: Quintessence PMC 7074 CD: Pantheon D 15070 CD: EMI CZS 767 3792
Amsterdam 12 April 1964	Concertgebouw Orchestra Haitink	LP: Philips A02411L/835 284LY/BAL 20/ SBAL 20/SAL 3736/6570 106/6580 060/ 6768 350/6770 014 LP: Philips (USA) PHS 5970/SC71 AX 501
Munich 1976	Bavarian Radio Orchestra Bernstein	LP: DG 2721 153
Philadelphia February 1983	Philadelphia Orchestra Muti	VHS Video: Philips 070 1223 Laserdisc: Philips 070 1221
Dresden 15-23 November 1984	Dresden Staatskapelle Davis	LP: Philips 416 1441 CD: Philips 416 1442/422 1492/432 0402

12 Arrau

piano concerto no 5 "emperor"

London 21-22 June 1958	Philharmonia Galliera	LP: Columbia 33CX 1653/SAX 2297 LP: Columbia (Italy) 33QCX 10505/ SAXQ 7372 LP: Angel 35722 LP: World Records T 645/ST 645 LP: Quintessence PMC 7075 CD: Pantheon D 15070 CD: EMI CZS 767 3792
Amsterdam 9-13 June 1964	Concertgebouw Orchestra Haitink	LP: Philips A02412L/L640 600L/835 285AY/ 839 600LY/BAL 20/SBAL 20/AL 3567/ SAL 3567/SAL 3835/6527 055/ 6570 086/6580 094/6768 231/ 6768 350/6770 014 LP: Philips (USA) PHS 5970/SC71 AX501
Dresden 15-23 November 1984	Dresden Staatskapelle Davis	LP: Philips 416 2151 CD: Philips 416 2152/422 1492
London 18 November 1988	LSO Davis	VHS Video: Philips 070 1223 Laserdisc: Philips 070 1221

triple concerto

Wembley 10-11 September 1970	New Philharmonia Inbal Szeryng, Starker	LP: Philips 6500 129/6527 121/6570 070 CD: Philips 426 6312/432 6622/442 5802 6768 350 CD: Philips 426 6312/432 6622/442 5802

piano sonata no 1

Amsterdam
27 March-
4 April
1964

LP: Philips 839 751LY/AL 3568/SAL 3568/
    SAL 3714/6580 123/6747 009/
    6747 035/6768 351
LP: Philips (USA) PHS 3913

Switzerland
18-21
April
1988

CD: Philips 432 1732/432 3012/446 8592

piano sonata no 2

Amsterdam
27 March-
4 April
1964

LP: Philips AL 3566/SAL 3566/6747 009/
    6747 035/6768 351
LP: Philips (USA) PHS 4914

Switzerland
8-19
June
1990

CD: Philips 432 1732/432 3012/446 8592

piano sonata no 3

Amsterdam
27 March-
4 April
1964

LP: Philips AL 3566/SAL 3566/6747 009/
    6747 035/6768 351
LP: Philips (USA) PHS 4914

Switzerland
18-21
April
1988

CD: Philips 420 1532/432 3012

piano sonata no 4

Amsterdam
27 March-
4 April
1964

LP: Philips AL 3568/SAL 3568/6747 009/
    6747 035/6768 351
LP: Philips (USA) PHS 3913

Switzerland
7-10
October
1985

LP: Philips 416 8201
CD: Philips 416 8202/432 3012

14   Arrau

piano sonata no 5

Amsterdam
12-14
September
1964

LP: Philips AL 3550/SAL 3550/6747 009/
      6747 035/6768 351
LP: Philips (USA) PHS 3915

Switzerland
20-21
April
1986

LP: Philips 420 1541
CD: Philips 420 1542/432 3012

piano sonata no 6

Amsterdam
12-14
September
1964

LP: Philips 839 749LY/AL 3550/SAL 3550/
      SAL 3712/6580 122/6747 009/
      6747 035/6768 351
LP: Philips (USA) PHS 3915

Switzerland
18-21
April
1988

CD: Philips 422 1482/432 3012

piano sonata no 7

London
30 June
1951

78: Columbia LX 1540-1542

London
6 October
1958-
15 October
1959

LP: Columbia 33CX 1696/SAX 2346

Amsterdam
12-14
September
1964

LP: Philips AL 3550/SAL 3550/6747 009/
      6747 035/6768 351
LP: Philips (USA) PHS 3915

Switzerland
7-10
October
1985

LP: Philips 416 8201
CD: Philips 416 8202/432 3012

piano sonata no 8 "pathétique"

Amsterdam
19-26
September
1963

LP: Philips AL 3517/SAL 3517/CXL 15001/
    6747 009/6747 035/6768 231/6768 351
LP: Philips (USA) PHS 3907
CD: Philips 422 9702/432 0412

Switzerland
20-21
April
1986

LP: Philips 420 1531
CD: Philips 420 1532/432 3012/454 6862

piano sonata no 9

Amsterdam
8-12
April
1966

LP: Philips AL 3611/SAL 3611/6747 009/
    6747 035/6768 351
LP: Philips (USA) PHS 3913

Switzerland
23-29
March
1989

CD: Philips 426 3142/432 3012

piano sonata no 10

Amsterdam
8-12
April
1966

LP: Philips AL 3611/SAL 3611/6747 009/
    6747 035/6768 351
LP: Philips (USA) PHS 3913

Switzerland
23-29
March
1989

CD: Philips 426 3142/432 3012

piano sonata no 11

Amsterdam
12-18
June
1962

LP: Philips A02260L/AL 3581/SAL 3581/
    6747 009/6747 035/6768 351
LP: Philips (USA) PHS 4914

Switzerland
25-30
October
1988

CD: Philips 426 2972/432 3012

16   Arrau

piano sonata no 12 "funeral march"

Amsterdam
12-18
June
1962

LP: Philips A02259L/AL 3580/SAL 3580/
    6747 009/6747 035/6768 351
LP: Philips (USA) PHS 4914

Switzerland
4-9
January
1989

CD: Philips 426 2562/432 3012

piano sonata no 13

Amsterdam
12-18
June
1962

LP: Philips A02259L/AL 3580/SAL 3580/
    6747 009/6747 035/6768 351
LP: Philips (USA) PHS 4914

Venice
6 November
1981

VHS Video: Philips 070 1113
Laserdisc: Philips 070 1111

New York
December
1984

LP: Philips 416 1461
CD: Philips 416 1462/432 3012

piano sonata no 14 "moonlight"

London
1 November
1950

78: Columbia LX 8772-8773
CD: EMI CZS 767 3792

Amsterdam
12-18
June
1962

LP: Philips AL 3580/SAL 3580/6747 009/
    6747 035/6747 199/6768 231/6768 351
LP: Philips (USA) PHS 4914
CD: Philips 420 1532/422 9702/432 3012
First movement only
LP: Philips 6833 179

piano sonata no 15 "pastoral"

Amsterdam
12-18
June
1962

LP: Philips A02260L/AL 3581/SAL 3581/
    802 742LY/6747 009/6747 035/6768 351
LP: Philips (USA) PHS 3915

Switzerland
4-9
January
1989

CD: Philips 426 0682/426 2562/432 3012

piano sonata no 16

Amsterdam
8-12
April
1966

LP: Philips AL 3603/SAL 3603/6747 009/
    6747 035/6768 351
LP: Philips (USA) PHS 4914

Switzerland
8-19
June
1990

CD: Philips 432 1732/432 3012/446 8592

piano sonata no 17 "tempest"

Amsterdam
28-31
May
1965

LP: Philips AL 3603/SAL 3603/6570 190/
    6747 009/6747 035/6768 351
LP: Philips (USA) PHS 3913

Switzerland
20-25
September
1987

CD: Philips 422 0672/432 3012

18 Arrau

piano sonata no 18

London 10-15 January 1947	78: Columbia LX 1039-1041 78: Columbia (France) LFX 837-839 78: Columbia (Italy) GQX 11226-11228 CD: EMI CZS 767 3792
Amsterdam 28-31 May 1965	LP: Philips AL 3600/SAL 3600/6747 009/ 6747 035/6768 351 LP: Philips (USA) PHS 3913
Switzerlans 25-30 October 1988	CD: Philips 426 2972/432 3012

piano sonata no 19

Amsterdam 8-12 April 1966	LP: Philips AL 3611/SAL 3611/6747 009/ 6747 035/6768 351 LP: Philips (USA) PHS 3915
Switzerland 25-30 June 1989	CD: Philips 426 2562/432 3012

piano sonata no 20

Amsterdam 8-12 April 1966	LP: Philips AL 3611/SAL 3611/6747 009/ 6747 035/6768 351 LP: Philips (USA) PHS 3915
Switzerland 25-30 June 1989	CD: Philips 426 2562/432 3012

piano sonata no 21 "waldstein"

New York
2 October
1947-
25 February
1949

LP: Columbia (USA) ML 2078

London
1 December
1956-
19 May
1957

LP: Columbia 33CX 1513
CD: EMI CZS 767 3792

Amsterdam
19-26
September
1963

LP: Philips AL 3517/SAL 3517/6570 190/
    6580 301/6747 009/6747 035/6768 351
LP: Philips (USA) PHS 3907
CD: Philips 426 0682

Venice
6 November
1981

VHS Video: Philips 070 1113
Laserdisc: Philips 070 1111

Switzerland
21-24
October
1984

LP: Philips 416 1451
CD: Philips 416 1452/432 0412/
    432 3012/454 6862

piano sonata no 22

London
12-13
April
1960

LP: Columbia 33CX 1742/SAX 2390
CD: EMI CZS 767 3792
Also issued under licence by Harmonia mundi

Amsterdam
23-28
October
1965

LP: Philips AL 3605/SAL 3605/6747 009/
    6747 035/6768 351
LP: Philips (USA) PHS 3907

Switzerland
8-19
June
1990

CD: Philips 432 1732/432 3012/446 8592

20 Arrau

piano sonata no 23 "appassionata"

Ascona 9 September 1959	CD: Ermitage ERM 149
London 6 November 1957- 12 April 1960	LP: Columbia 33CX 1742/SAX 2390 CD: Pantheon D 15070 CD: EMI CZS 767 3792 Also issued under licence by Harmonia mundi
Amsterdam 24-25 September 1965	LP: Philips AL 3605/SAL 3605/6747 009/ 6747 035/6768 231/6768 351 LP: Philips (USA) PHS 3907 CD: Philips 422 9702/432 0412
Venice 6 November 1981	VHS Video: Philips 070 1113 Laserdisc: Philips 070 1111
New York December 1984	LP: Philips 416 1461 CD: Philips 416 1462/432 3012/454 6862
Switzerland 1984	Unpublished video recording third movement only

piano sonata no 24

London 8-9 April 1958	LP: Columbia 33CX 1625
Amsterdam 7-10 November 1965	LP: Philips AL 3600/SAL 3600/6570 055/ 6580 104/6747 009/6747 035/ 6768 351/6833 245 LP: Philips (USA) PHS 3907
Switzerland 8-19 June 1990	CD: Philips 432 1732/432 3012/446 8592

piano sonata no 25

Amsterdam
8-12
April
1966

LP: Philips AL 3611/SAL 3611/6747 009/
    6747 035/6768 351
LP: Philips (USA) PHS 3907

Switzerland
8-19
June
1990

CD: Philips 432 1732/432 3012/446 8592

piano sonata no 26 "les adieux"

New York
30 September
1947-
25 February
1949

Columbia (USA) unpublished

London
6 November
1957-
4 April
1958

LP: Columbia 33CX 1616
CD: EMI CZS 767 3792

Amsterdam
8-12
April
1966

LP: Philips AL 3600/SAL 3600/6570 167/
    6580 301/6747 009/6747 035/6768 351
LP: Philips (USA) PHS 4914
CD: Philips 426 0682

New York
December
1984

LP: Philips 416 1461
CD: Philips 416 1462/432 3012

piano sonata no 27

Amsterdam
8-12
April
1966

LP: Philips AL 3605/SAL 3605/6747 009/
    6747 035/6768 351
LP: Philips (USA) PHS 3907

Switzerland
25-30
June
1989

CD: Philips 426 3142/432 3012

22   Arrau

piano sonata no 28

London 30 November- 1 December 1956	LP: Columbia 33CX 1513 CD: EMI CZS 767 3792
Amsterdam 7-10 November 1965	LP: Philips AL 3577/SAL 3577/6747 009/ 6747 035/6768 351 LP: Philips (USA) PHS 3915
Switzerland 25-30 June 1989	CD: Philips 426 3142/432 3012

piano sonata no 29 "hammerklavier"

Amsterdam
19 September
1963
	LP: Philips A02330L/AL 3484/SAL 3484/
	     6570 055/6580 104/6747 009/6747 035/
	     6768 351/6780 020/6833 145
	LP: Philips (USA) PHS 3915

Switzerland 25-30 June 1989	CD: Philips 432 3012

piano sonata no 30

London 23 May- 22 October 1957	Columbia unpublished
Amsterdam 7-10 November 1965	LP: Philips AL 3577/SAL 3577/6747 009/ 6747 035/6768 351/6780 020/6780 022 LP: Philips (USA) PHS 3907
Switzerland 21-24 October 1984	LP: Philips 416 1451 CD: Philips 416 1452/432 3012

piano sonata no 31

London
18 May
1957

LP: Columbia 33CX 1610
CD: EMI CZS 767 3792

Amsterdam
23-28
October
1965

LP: Philips AL 3576/SAL 3576/6747 009/
    6747 035/6768 351/6780 022
LP: Philips (USA) 3913

Switzerland
20-25
September
1987

CD: Philips 422 0672/432 3012

piano sonata no 32

London
21-23
May
1957

LP: Columbia 33CX 1610
CD: EMI CZS 767 3792

Lugano
20 May
1963

CD: Ermitage ERM 128

Amsterdam
23-28
October
1965

LP: Philips AL 3576/SAL 3576/6747 009/
    6747 035/6768 351/6780 022
LP: Philips (USA) PHS 4914

Switzerland
24-26
June
1985

LP: Philips 420 1541
CD: Philips 420 1542/432 3012

24 Arrau

violin sonata no 1

New York 11 February 1944	Szigeti	LP: Vanguard SRV 30003 CD: Vanguard 08.806374 CD: Strings QT 99.335
Amsterdam 24-31 March 1975	Grumiaux	LP: Philips 9500 055

violin sonata no 2

New York 28 January 1944	Szigeti	LP: Vanguard SRV 30003 CD: Vanguard 08.806374 CD: Strings QT 99.335
Amsterdam 13-17 April 1976	Grumiaux	LP: Philips 9500 263 CD: Philips 442 6512

violin sonata no 3

New York 4 February 1944	Szigeti	LP: Vanguard SRV 30003 CD: Vanguard 08.806374 CD: Strings QT 99.335

violin sonata no 4

New York 4 February 1944	Szigeti	LP: Vanguard SRV 30003 CD: Vanguard 08.806374
Amsterdam 13-17 April 1976	Grumiaux	LP: Philips 9500 263 CD: Philips 442 6512

violin sonata no 5 "spring"

New York 11 February 1944	Szigeti	LP: Vanguard SRV 30003 CD: Vanguard 08.806374 CD: Strings QT 99.335/Enterprise SO 530012 CD: Grammofono AB 78543
Amsterdam 24-31 March 1976	Grumiaux	LP: Philips 9500 055 CD: Philips 442 6512

violin sonata no 6

New York 4 February 1944	Szigeti	LP: Vanguard SRV 30003 CD: Vanguard 08.806374

violin sonata no 7

New York 28 January 1944	Szigeti	LP: Vanguard SRV 30003 CD: Vanguard 08.806374
Amsterdam 16-20 May 1976	Grumiaux	LP: Philips 9500 220

violin sonata no 8

New York 4 February 1944	Szigeti	LP: Vanguard SRV 30003 CD: Vanguard 08.806374
Amsterdam 16-20 May 1976	Grumiaux	LP: Philips 9500 220 CD: Philips 442 6512

26 Arrau

violin sonata no 9 "kreutzer"

New York 11 February 1944	Szigeti	LP: Vanguard SRV 30003 CD: Vanguard 08.806374 CD: Grammofono AB 78543 CD: Enterprise SO 530012

violin sonata no 10

New York 28 January 1944	Szigeti	LP: Vanguard SRV 30003 CD: Vanguard 08.806374

diabelli variations

New York 1952	LP: Decca (USA) DX 122 LP: Brunswick AXTL 1024-1025 CD: Arlecchino ARLA 10
Switzerland 3-7 April 1985	LP: Philips 416 2951 CD: Philips 416 2952

eroica variations

New York 24-25 February 1941	78: Victor M 892 CD: Dante HPC 018
New York 1952	LP: Decca (USA) DX 122/DL 4067 LP: Brunswick AXTL 1024-1025
Amsterdam 10-13 November 1968	LP: Philips 839 743LY/SAL 3764/ 6580 300/6768 351 CD: Philips 432 3012

variations in c minor

London 12-13 April 1960	LP: Columbia 33CX 1742/SAX 2390 CD: EMI CZS 767 3792 Also issued under licence by Harmonia mundi
Amsterdam 10-13 November 1968	LP: Philips 839 743LY/SAL 3764/ 6580 300/6768 351
Switzerland 7-11 October 1985	LP: Philips 416 1441 CD: Philips 416 1442/432 3012

variations in f

New York 21-24 February 1941	78: Victor M 892 CD: Dante HPC 018
Amsterdam 10-13 November 1968	LP: Philips 839 743LY/SAL 3764/ 6580 300/6768 351 CD: Philips 432 3012

andante favori in f

Switzerland 21-24 October 1984	LP: Philips 416 1451 CD: Philips 416 1452

bagatelle in a minor "für elise"

Philadelphia 24 December 1947	78: Columbia (USA) M 917

rondo in g

Amsterdam 1963	LP: Philips A02335L/AL 3517/SAL 3517

JOHANNES BRAHMS (1833-1897)

piano concerto no 1

London 20-21 January 1947	Philharmonia Cameron	78: HMV DB 6596-6601/DB 9251-9256 auto CD: Dante HPC 078

London
21-22
April
1960
	Philharmonia
	Giulini
		LP: Columbia 33CX 1739/SAX 2387
		LP: Angel 35892/60264
		LP: EMI CFP 40028/2C069 00519/
		    1C063 00519/1C037 00519/
		    2C051 00519/1C187 50266-50267
		CD: EMI CDH 769 1772/CZS 572 0132

Amsterdam
24-28
October
1969
	Concertgebouw
	Orchestra
	Haitink
		LP: Philips 6500 018/6527 181/6570 014/
		    6580 302/6700 018/6747 270/6768 356
		CD: Philips 420 7022/432 6592/438 3202/
		    438 5872/438 5632

piano concerto no 2

London
21-22
April
1962
	Philharmonia
	Giulini
		LP: Columbia 33CX 1822/SAX 2466
		LP: Angel 60052
		LP: EMI CFP 40034/2C069 00568/
		    1C037 00568/1C187 50266-50267
		CD: EMI CDH 769 1782/CZS 569 5382/
		    CZS 572 0132

Amsterdam
24-28
October
1969
	Concertebouw
	Orchestra
	Haitink
		LP: Philips 6500 019/6527 182/6570 052/
		    6700 018/6747 270/6768 356
		CD: Philips 420 8852/432 6602/438 3202/
		    438 5632/438 5872

piano sonata no 2

Amsterdam 19-22 March 1974		LP: Philips 9500 066/6768 356 CD: Philips 432 3022

piano sonata no 3

Rotterdam
14-17
November
1971

LP: Philips 6500 377/6768 356
CD: Philips 432 3022

4 ballades

London
9-11
April
1978

LP: Philips 9500 446/6768 356
CD: Philips 432 3022

scherzo in e flat minor

Rotterdam
14-17
November
1974

LP: Philips 6500 377/6768 356
CD: Philips 432 3022

variations on a theme by paganini

Amsterdam
19-22
March
1974

LP: Philips 9500 066/6768 356
CD: Philips 432 3022/432 6712

variations and fugue on a theme by handel

Lugano
Date not
confirmed

CD: Eremitage ERM 104

London
9-11
April
1978

LP: Philips 9500 446/6768 356
CD: Philips 432 3022/432 6712

Arrau

FERRUCCIO BUSONI (1866-1924)

elegy no 5 "die nächtliche"

Berlin
1928

78: Grammophon 90 025
LP: Desmar GHP 40012

sonatina no 6 "carmen fantasy"

Berlin
February
1928

78: Electrola EH 162
78: Victor 9340
CD: Pearl GEMMCD 9928
CD: Magic Talent CD 48044

FREDERIC CHOPIN (1810-1849)

piano concerto no 1

Cologne 25 October 1954	WDR Orchestra Klemperer	LP: Cetra LO 507 CD: Hunt CD 511 CD: Music and Arts CD 625

Wembley
17-22
October
1970
	LPO
	Inbal
		LP: Philips 6500 255/6747 003/6768 354/
		    416 6631/420 0071
		CD: Philips 420 7062/426 1472/432 6522/
		    432 6542/434 1452/434 5582/438 3382/
		    446 5151/446 6292

piano concerto no 2

New York 10 February 1950	NYPSO Busch	LP: Discocorp IGI 371
Berlin 1 January 1954	Berlin RO Jochum	CD: Music and Arts CD 511

Wembley
17-22
October
1970
	LPO
	Inbal
		LP: Philips 6500 309/6747 003/6768 300/
		    6768 354/420 0071
		CD: Philips 420 6542/426 1472/432 6542/
		    432 6522/434 1452/438 3382/446 6292

andante spianato and grande polonaise for piano and orchestra

New York 8-11 November 1947	Little Orchestra Society Scherman	78: Columbia (USA) M 307 78: Columbia LX 1267-1268 CD: Dante HPC 078
Wembley 14-16 June 1972	LPO Inbal	LP: Philips 6500 422/6747 003/420 0071 CD: Philips 420 6542/426 1472/432 6522/ 438 3382/446 6292

32   Arrau

fantasy on polish airs for piano and orchestra

| Wembley
14-16
June
1972 | LPO
Inbal | LP: Philips 6500 422/6747 003/6768 354
CD: Philips 432 6552/438 3382 |

krakowiak for piano and orchestra

| Wembley
30 June
1971 | LPO
Inbal | LP: Philips 6500 422/6747 003/
6768 354/420 0071
CD: Philips 420 6542/426 1472/432 6522/
432 6552/438 3382 |

variations on mozart's la ci darem la manò for piano and orchestra

| Wembley
14-16
June
1972 | LPO
Inbal | LP: Philips 6500 422/6747 003/6768 354
CD: Philips 420 7062/426 1472/
432 6552/438 3382 |

allegro de concert

London
22-29
June
1956

LP: Columbia 33CX 1443
LP: Angel 35413
CD: Arlecchino ARL 136
<u>Arlecchino incorrectly dated 1934</u>

ballade no 1

New York
1953

LP: Decca (USA) DX 130
LP: Brunswick AXTL 1043
CD: Arlecchino ARL 100

Amsterdam
9-11
April
1977

LP: Philips 9500 393/6768 354
CD: Philips 432 3032

ballade no 2

New York
1953

LP: Decca (USA) DX 130
LP: Brunswick AXTL 1043
CD: Arlecchino ARL 100

Amsterdam
9-11
April
1977

LP: Philips 9500 393/6768 354
CD: Philips 432 3032

ballade no 3

London
4 April
1939

78: Parlophone R 20443
78: Odeon 177264/121180
CD: Pearl GEMMCD 9928
CD: Magic Talent CD 48044

New York
1953

LP: Decca (USA) DX 130/DL 8517
LP: Brunswick AXTL 1043
CD: Arlecchino ARL 100

Amsterdam
9-11
April
1977

LP: Philips 9500 393/6768 354
CD: Philips 420 6552/432 3032

Switzerland
1984

Unpublished video recording

ballade no 4

New York
1953

LP: Decca (USA) DX 130
LP: Brunswick AXTL 1043
CD: Arlecchino ARL 100

Amsterdam
9-11
April
1977

LP: Philips 9500 393/6768 354
CD: Philips 432 3032

barcarolle in f sharp minor

New York
1953
LP: Decca (USA) DX 130
LP: Brunswick AXTL 1043
CD: Arlecchino ARL 100

Amsterdam
9-11
April
1977
LP: Philips 9500 963/6768 354
CD: Philips 420 6552/432 3032

étude in c op 10 no 1

London
17 June-
5 September
1956
LP: Columbia 33CX 1443-1444
LP: Angel 35413-35414
CD: EMI CDH 761 0162

étude in a minor op 10 no 2

London
17 June-
5 September
1956
LP: Columbia 33CX 1443-1444
LP: Angel 35413-35414
CD: EMI CDH 761 0162

étude in e op 10 no 3

Berlin
29 January
1929
78: Electrola EH 386
CD: Pearl GEMMCD 9928
CD: Magic Talent CD 48044

London
17 June-
5 September
1956
LP: Columbia 33CX 1443-1444
LP: Angel 35413-35414/60207
CD: EMI CDH 761 0162

étude in c sharp minor op 10 no 4

Berlin
February
1928

78: Electrola EH 386
CD: Pearl GEMMCD 9928
CD: Magic Talent CD 48044

Berlin
January
1929

78: Electrola EG 1500
LP: Desmar GHP 40012

London
23 October
1950

Columbia unpublished

London
17 June-
5 September
1956

LP: Columbia 33CX 1443-1444
LP: Angel 35413-35414
CD: EMI CDH 761 0162

Ascona
9 September
1959

CD: Ermitage ERM 149

étude in g op 10 no 5

London
17 June-
5 September
1956

LP: Columbia 33CX 1443-1444
LP: Angel 35413-35414
CD: EMI CDH 761 0162

étude in e flat minor op 10 no 6

London
17 June-
5 September
1956

LP: Columbia 33CX 1443-1444
LP: Angel 35413-35414
CD: EMI CDH 761 0162

étude in c op 10 no 7

London
17 June-
5 September
1956

LP: Columbia 33CX 1443-1444
LP: Angel 35413-35414
CD: EMI CDH 761 0162

Arrau

étude in f op 10 no 8

Berlin
1930

78: Parlophone R 2588
78: Odeon O-11855
78: Decca (USA) 20425
CD: Pearl GEMMCD 9928
CD: Magic Talent CD 48044

London
17 June-
5 September
1956

LP: Columbia 33CX 1443-1444
LP: Angel 35413-35414
CD: EMI CDH 761 0162

étude in f minor op 10 no 9

Berlin
1928

78: Electrola EH 386
CD: Pearl GEMMCD 9928
CD: Magic Talent CD 84044

London
17 June-
5 September
1956

LP: Columbia 33CX 1443-1444
LP: Angel 35413-35414
CD: EMI CDH 761 0162

étude in a flat op 10 no 10

London
17 June-
5 September
1956

LP: Columbia 33CX 1443-1444
LP: Angel 35413-35414
CD: EMI CDH 761 0162

étude in e flat op 10 no 11

London
17 June-
5 September
1956

LP: Columbia 33CX 1443-1444
LP: Angel 35413-35414
CD: EMI CDH 761 0162

étude in c minor op 10 no 12

London
17 June-
5 September
1956

LP: Columbia 33CX 1443-1444
LP: Angel 35413-35414
CD: EMI CDH 761 0162

étude in a flat op 25 no 1

Berlin
1929

78: Electrola EG 1500
LP: Desmar GHP 40012

London
17-21
June
1956

LP: Columbia 33CX 1443-1444
LP: Angel 35413-35414
CD: EMI CDH 761 0162

étude in f minor op 25 no 2

Berlin
1929

78: Electrola EG 1500
LP: Desmar GHP 40012

London
17-21
June
1956

LP: Columbia 33CX 1443-1444
LP: Angel 35413-35414
CD: EMI CDH 761 0162

étude in f op 25 no 3

London
17-21
June
1956

LP: Columbia 33CX 1443-1444
LP: Angel 35413-35414
CD: EMI CDH 761 0162

étude in a minor op 25 no 4

London
17-21
June
1956

LP: Columbia 33CX 1443-1444
LP: Angel 35413-35414
CD: EMI CDH 761 0162

étude in a minor op 25 no 5

London
17-21
June
1956

LP: Columbia 33CX 1443-1444
LP: Angel 35413-35414
CD: EMI CDH 761 0162

Arrau

étude in g sharp minor op 25 no 6

London
17-21
June
1956

LP: Columbia 33CX 1443-1444
LP: Angel 35413-35414
CD: EMI CDH 761 0162

étude in c sharp minor op 25 no 7

London
17-21
June
1956

LP: Columbia 33CX 1443-1444
LP: Angel 35413-35414
CD: EMI CDH 761 0162

étude in d flat op 25 no 8

London
17-21
June
1956

LP: Columbia 33CX 1443-1444
LP: Angel 35413-35414
CD: EMI CDH 761 0162

étude in g flat op 25 no 9

London
17-21
June
1956

LP: Columbia 33CX 1443-1444
LP: Angel 35413-35414
CD: EMI CDH 761 0162

étude in b minor op 25 no 10

London
17-21
June
1956

LP: Columbia 33CX 1443-1444
LP: Angel 35413-35414
CD: EMI CDH 761 0162

étude in a minor op 25 no 11

London
17-21
June
1956

LP: Columbia 33CX 1443-1444
LP: Angel 35413-35414
CD: EMI CDH 761 0162

étude in c minor op 25 no 12

London
17-21
June
1956

LP: Columbia 33CX 1443-1444
LP: Angel 35413-35414
CD: EMI CDH 761 0162

3 nouvelles études

London
19-21
June
1956

LP: Columbia 33CX 1444
LP: Angel 35414
CD: EMI CDH 761 0162

fantasy in f minor

London
2 June
1960

LP: Columbia 33CX 1755/SAX 2401

Amsterdam
9-11
April
1977

LP: Philips 9500 393/6768 354
CD: Philips 420 6552/432 3032

Venice
6 November
1981

VHS Video: Philips 070 1113
Laserdisc: Philips 070 1111

fantasy impromptu in c sharp minor

New York
1953

LP: Decca (USA) DX 130
LP: Brunswick AXTL 1044

Switzerland
18-21
August
1981

LP: Philips 9500 963/6768 354
CD: Philips 420 6552/432 3032

40   Arrau

3 impromptus

New York 1953	LP: Decca (USA) DX 130 LP: Brunswick AXTL 1044 CD: Arlecchino ARL 100
Switzerland 18-21 August 1980	LP: Philips 9500 963/6768 354 CD: Philips 426 6342/432 3032/ 438 3382/456 3362

nocturne in b flat minor op 9 no 1

Amsterdam   LP: Philips 9500 668/6747 485/
24 September   6768 233/6768 354
1977-   CD: Philips 416 4402/432 3032/456 3362
27 March
1978

nocturne in e flat op 9 no 2

Amsterdam   LP: Philips 9500 668/6570 326/
24 September   6747 485/6768 354/6768 233
1977-   CD: Philips 416 4402/420 6552/
27 March   432 3032/456 3362
1978

nocturne in b op 9 no 3

Amsterdam   LP: Philips 9500 668/6747 485/
24 September   6768 233/6768 354
1977-   CD: Philips 416 4402/432 3032/456 3362
27 March
1978

nocturne in f op 15 no 1

Amsterdam
24 September
1977-
27 March
1978

LP: Philips 9500 668/6747 485/
    6768 233/6768 354
CD: Philips 416 4402/432 3032/456 3362

nocturne in f sharp op 15 no 2

Amsterdam
24 September
1977-
27 March
1978

LP: Philips 9500 668/6570 326/6747 485/
    6768 233/6768 354
CD: Philips 416 4402/420 6552/
    432 3032/456 3362

nocturne in g minor op 15 no 3

Amsterdam
24 September
1977-
27 March
1978

LP: Philips 9500 668/6747 485/
    6768 233/6768 354
CD: Philips 416 4402/432 3032/456 3362

nocturne in c sharp minor op 27 no 1

Amsterdam
24 September
1977-
27 March
1978

LP: Philips 9500 668/6747 485
    6768 233/6768 354
CD: Philips 416 4402/432 3032/456 3362

nocturne in d flat op 27 no 2

Amsterdam
24 September
1977-
27 March
1978

LP: Philips 9500 668/6570 326/6747 485/
    6768 233/6768 354
CD: Philips 416 4402/432 3032/456 3362

42   Arrau

nocturne in b op 32 no 1

Amsterdam
24 September
1977-
27 March
1978

LP: Philips 9500 668/6570 326/6747 485/
    6768 233/6768 354
CD: Philips 416 4402/432 3032/456 3362

nocturne in a flat op 32 no 2

Amsterdam
24 September
1977-
27 March
1978

LP: Philips 9500 668/6747 485/
    6768 233/6768 354
CD: Philips 416 4402/432 3032/456 3362

nocturne in g minor op 37 no 1

Amsterdam
24 September
1977-
27 March
1978

LP: Philips 9500 668/6747 485/
    6768 233/6768 354
CD: Philips 416 4402/432 3032/456 3362

nocturne in g op 37 no 2

Amsterdam
24 September
1977-
27 March
1978

LP: Philips 9500 669/6747 485/
    6768 233/6768 354
CD: Philips 416 4402/432 3032/456 3362

nocturne in c minor op 48 no 1

Amsterdam
24 September
1977-
27 March
1978

LP: Philips 9500 669/6747 485/
    6768 233/6768 354
CD: Philips 416 4402/432 3032/456 3362

nocturne in f sharp minor op 48 no 2

Amsterdam
24 September
1977-
27 March
1978

LP: Philips 9500 669/6747 485/
    6768 233/6768 354
CD: Philips 416 4402/432 3032/456 3362

nocturne in f minor op 55 no 1

Amsterdam
24 September
1977-
27 March
1978

LP: Philips 9500 669/6570 326/6747 485/
    6768 233/6768 354
CD: Philips 416 4402/432 3032/456 3362

nocturne in b op 62 no 1

Amsterdam
24 September
1977-
27 March
1978

LP: Philips 9500 669/6747 485/
    6768 233/6768 354
CD: Philips 416 4402/432 3032/456 3362

nocturne in e op 62 no 2

Amsterdam
24 September
1977-
27 March
1978

LP: Philips 9500 669/6747 485/
    6768 233/6768 354
CD: Philips 416 4402/432 3032/456 3362

nocturne in e minor op 72 no 1

Amsterdam
24 September
1977-
27 March
1978

LP: Philips 9500 669/6747 485/
    6768 233/6768 354
CD: Philips 416 4402/432 3032/456 3362

44   Arrau

nocturne in c sharp minor op posth.

Amsterdam 24 September 1977- 27 March 1978	LP: Philips 9500 669/6747 485/ 6768 233/6768 354 CD: Philips 416 4402/432 3032/456 3362

nocturne in c minor op posth.

Amsterdam   LP: Philips 9500 669/6747 485/
24 September   6768 233/6768 354
1977-   CD: Philips 416 4402/432 3032/456 3362
27 March
1978

piano sonata no 3

London   LP: Columbia 33CX 1755/SAX 2401
14 April-   CD: Arlecchino ARL 160
21 June
1960

polonaise fantaisie in a flat

Munich   LP: Philips 412 6101
19-20   CD: Philips 412 6102/432 3032/
April   432 6732/442 4072
1984

prelude no 1

New York   LP: Columbia (USA) ML 4420
27 December   LP: Philips GBL 5503
1950-   CD: Arlecchino ARL 136
5 February   <u>Arlecchino incorrectly dated 1930</u>
1951

Amsterdam   LP: Philips 6500 622/6527 091/
21-23   6768 233/6768 354
April   CD: Philips 422 0382/426 6342/432 3032
1973

prelude no 2

New York 27 December 1950- 5 February 1951	LP: Columbia (USA) ML 4420 LP: Philips GBL 5503 CD: Arlecchino ARL 136 Arlecchino incorrectly dated 1930
Amsterdam 21-23 April 1973	LP: Philips 6500 622/6527 091/ 6768 233/6768 354 CD: Philips 422 0382/426 6342/432 3032

prelude no 3

New York 27 December 1950- 5 February 1951	LP: Columbia (USA) ML 4420 LP: Philips GBL 5503 CD: Arlecchino ARL 136 Arlecchino incorrectly dated 1930
Amsterdam 21-23 April	LP: Philips 6500 622/6527 091/ 6768 233/6768 354 CD: Philips 422 0382/426 6342/432 3032

prelude no 4

New York 27 December 1950- 5 February 1951	LP: Columbia (USA) ML 4420 LP: Philips GBL 5503 CD: Arlecchino ARL 136 Arlecchino incorrectly dated 1930
Amsterdam 21-23 April 1973	LP: Philips 6500 622/6527 091/ 6768 233/6768 354 CD: Philips 422 0382/426 6342/432 3032

46   Arrau

prelude no 5

New York
27 December
1950-
5 February
1951

LP: Columbia (USA) ML 4420
LP: Philips GBL 5503
CD: Arlecchino ARL 136
<u>Arlecchino incorrectly dated 1930</u>

Amsterdam
21-23
April
1973

LP: Philips 6500 622/6527 091/
    6768 233/6768 354
CD: Philips 422 0382/426 6342/432 3032

prelude no 6

New York
27 December
1950-
5 February
1951

LP: Columbia (USA) ML 4420
LP: Philips GBL 5503
CD: Arlecchino ARL 136
<u>Arlecchino incorrectly dated 1930</u>

Amsterdam
21-23
April
1973

LP: Philips 6500 622/6527 091/
    6768 233/6768 354
CD: Philips 422 0382/426 6342/432 3032

prelude no 7

New York
27 December
1950-
5 February
1951

LP: Columbia (USA) ML 4420
LP: Philips GBL 5503
CD: Arlecchino ARL 136
<u>Arlecchino incorrectly dated 1930</u>

Amsterdam
21-23
April
1973

LP: Philips 6500 622/6527 091/
    6768 233/6768 354
CD: Philips 422 0382/426 6342/432 3032

prelude no 8

New York
27 December
1950-
5 February
1951

LP: Columbia (USA) ML 4420
LP: Philips GBL 5503
CD: Arlecchino ARL 136
Arlecchino incorrectly dated 1930

Amsterdam
21-23
April
1973

LP: Philips 6500 622/6527 091/
    6768 233/6768 354
CD: Philips 422 0382/426 6342/432 3032

prelude no 9

New York
27 December
1950-
5 February
1951

LP: Columbia (USA) ML 4420
LP: Philips GBL 5503
CD: Arlecchino ARL 136
Arlecchino incorrectly dated 1930

Amsterdam
21-23
April
1973

LP: Philips 6500 622/6527 091/
    6768 233/6768 354
CD: Philips 422 0382/426 6342/432 3032

prelude no 10

New York
27 December
1950-
5 February
1951

LP: Columbia (USA) ML 4420
LP: Philips GBL 5503
CD: Arlecchino ARL 136
Arlecchino incorrectly dated 1930

Amsterdam
21-23
April
1973

LP: Philips 6500 622/6527 091/
    6768 233/6768 354
CD: Philips 422 0382/426 6342/432 3032

48   Arrau

prelude no 11

New York
27 December
1950-
5 February
1951

LP: Columbia (USA) ML 4420
LP: Philips GBL 5503
CD: Arlecchino ARL 136
Arlecchino incorrectly dated 1930

Amsterdam
21-23
April
1973

LP: Philips 6500 622/6527 091/
    6768 233/6768 354
CD: Philips 422 0382/426 6342/432 3032

prelude no 12

New York
27 December
1950-
5 February
1951

LP: Columbia (USA) ML 4420
LP: Philips GBL 5503
CD: Arlecchino ARL 136
Arlecchino incorrectly dated 1930

Amsterdam
21-23
April
1973

LP: Philips 6500 622/6527 091/
    6768 233/6768 354
CD: Philips 422 0382/426 6342/432 3032

prelude no 13

New York
27 December
1950-
5 February
1951

LP: Columbia (USA) ML 4420
LP: Philips GBL 5503
CD: Arlecchino ARL 136
Arlecchino incorrectly dated 1930

Amsterdam
21-23
April
1973

LP: Philips 6500 622/6527 091/
    6768 233/6768 354
CD: Philips 422 0382/426 6342/432 3032

prelude no 14

New York
27 December
1950-
5 February
1951

LP: Columbia (USA) ML 4420
LP: Philips GBL 5503
CD: Arlecchino ARL 136
Arlecchino incorrectly dated 1930

Amsterdam
21-23
April
1973

LP: Philips 6500 622/6527 091/
    6768 233/6768 354
CD: Philips 422 0382/426 6342/432 3032

prelude no 15

New York
27 December
1950-
5 February
1951

45: Columbia (USA) 73261D
LP: Columbia (USA) ML 4420
LP: Philips GBL 5503
CD: Arlecchino ARL 136
Arlecchino incorrectly dated 1930

Amsterdam
21-23
April
1973

LP: Philips 6500 622/6527 091/6768 233/
    6768 354/6833 245
CD: Philips 420 6552/422 0382/
    426 6342/432 3032

prelude no 16

New York
27 December
1950-
5 February
1951

LP: Columbia (USA) ML 4420
LP: Philips GBL 5503
CD: Arlecchino ARL 136
Arlecchino incorrectly dated 1930

Amsterdam
21-23
April
1973

LP: Philips 6500 622/6527 091/
    6768 233/6768 354/6833 245
CD: Philips 422 0382/426 6342/432 3032

50   Arrau

prelude no 17

New York
27 December
1950-
5 February
1951

LP: Columbia (USA) ML 4420
LP: Philips GBL 5503
CD: Arlecchino ARL 136
Arlecchino incorrectly dated 1930

Amsterdam
21-23
April
1973

LP: Philips 6500 622/6527 091/
    6768 233/6768 354
CD: Philips 422 0382/426 6342/432 3032

prelude no 18

New York
27 December
1950-
5 February
1951

LP: Columbia (USA) ML 4420
LP: Philips GBL 5503
CD: Arlecchino ARL 136
Arlecchino incorrectly dated 1930

Amsterdam
21-23
April
1973

LP: Philips 6500 622/6527 091/
    6768 233/6768 354
CD: Philips 422 0382/426 6342/432 3032

prelude no 19

New York
27 December
1950-
5 February
1951

LP: Columbia (USA) ML 4420
LP: Philips GBL 5503
CD: Arlecchino ARL 136
Arlecchino incorrectly dated 1930

Amsterdam
21-23
April
1973

LP: Philips 6500 622/6527 091/
    6768 233/6768 354
CD: Philips 422 0382/426 6342/432 3032

prelude no 20

New York
27 December
1950-
5 February
1951

LP: Columbia (USA) ML 4420
LP: Philips GBL 5503
CD: Arlecchino ARL 136
Arlecchino incorrectly dated 1930

Amsterdam
21-23
April
1973

LP: Philips 6500 622/6527 091/
    6768 233/6768 354
CD: Philips 422 0382/426 6342/432 3032

prelude no 21

New York
27 December
1950-
5 February
1951

LP: Columbia (USA) ML 4420
LP: Philips GBL 5503
CD: Arlecchino ARL 136
Arlecchino incorrectly dated 1930

Amsterdam
21-23
April
1973

LP: Philips 6500 622/6527 091/
    6768 233/6768 354
CD: Philips 422 0382/426 6342/432 3032

prelude no 22

New York
27 December
1950-
5 February
1951

LP: Columbia (USA) ML 4420
LP: Philips GBL 5503
CD: Arlecchino ARL 136
Arlecchino incorrectly dated 1930

Amsterdam
21-23
April
1973

LP: Philips 6500 622/6527 091/
    6768 233/6768 354
CD: Philips 422 0382/426 6342/432 3032

Arrau

prelude no 23

Berlin
1930

78: Electrola EG 1500
LP: Desmar GHP 4001-4002

New York
27 December
1950-
5 February
1951

45: Columbia (USA) 73261D
LP: Columbia (USA) ML 4420
LP: Philips GBL 5503
CD: Arlecchino ARL 136
Arlecchino incorrectly dated 1930

Amsterdam
21-23
April
1973

LP: Philips 6500 622/6527 091/
6768 233/6768 354
CD: Philips 422 0382/426 6342/432 3032

prelude no 24

New York
27 December
1950-
5 February
1951

45: Columbia (USA) 73261D
LP: Columbia (USA) ML 4420
LP: Philips GBL 5503
CD: Arlecchino ARL 136
Arlecchino incorrectly dated 1930

Amsterdam
21-23
April
1973

LP: Philips 6500 622/6527 091/
6768 233/6768 354
CD: Philips 422 0382/426 6342/432 3032

prelude no 25

Amsterdam
21-23
April
1973

LP: Philips 6500 622/6527 091/
6768 233/6768 354
CD: Philips 422 0382/426 6342/432 3032

prelude no 26

Amsterdam
21-23
April
1973

LP: Philips 6500 622/6527 091/
6768 233/6768 354
CD: Philips 422 0382/426 6342/432 3032

scherzo no 1

New York
1953

LP: Decca (USA) DX 130
LP: Brunswick AXTL 1044
CD: Arlecchino ARL 160

Venice
6 November
1981

VHS Video: Philips 070 1113
Laserdisc: Philips 070 1111

Munich
19-20
April
1984

LP: Philips 412 6101
CD: Philips 412 6102/432 3032/
    432 6732/442 4072

scherzo no 2

New York
1953

LP: Decca (USA) DX 130
LP: Brunswick AXTL 1044
CD: Arlecchino ARL 160

Munich
19-20
April
1984

LP: Philips 412 6101
CD: Philips 412 6102/432 3032/
    432 6732/442 4072

scherzo no 3

London
1939

78: Parlophone R 20469
78: Parlophone (Australia) AR 1115
78: Odeon O-177263
CD: Pearl GEMMCD 9928
CD: Magic Talent CD 48044

New York
1953

LP: Decca (USA) DX 130/DL 8517
LP: Brunswick AXTL 1044
CD: Arlecchino ARL 160

Munich
19-20
April
1984

LP: Philips 412 6101
CD: Philips 412 6102/432 3032/
    432 6732/442 4072

54   Arrau

scherzo no 4

London
23 October
1950

78: Columbia (Italy) GQX 11482-11483

New York
1953

LP: Decca (USA) DX 130
LP: Brunswick AXTL 1044
CD: Arlecchino ARL 160

Munich
19-20
April
1984

LP: Philips 412 6101
CD: Philips 412 6102/432 3032/
    432 6732/442 4072

tarantelle in a flat

Berlin
1930

78: Parlophone R 2588
78: Odeon O-11855
78: Decca (USA) 20425
LP: Desmar GHP 4001-4002

valse in e flat op 18

New York
14 November
1947

78: Columbia (USA) M 307
78: Columbia LX 1268

Switzerland
22 March-
30 September
1979

LP: Philips 9500 739/6768 233/6768 354
CD: Philips 410 0252/432 3032/432 6722

valse in a flat op 34 no 1

Switzerland
22 March-
30 September
1979

LP: Philips 9500 739/6570 326/
    6768 233/6768 354
CD: Philips 410 0252/432 3032/432 6722

valse in a minor op 34 no 2

Switzerland
22 March-
30 September
1979

LP: Philips 9500 739/6570 326/
    6768 233/6768 354
CD: Philips 410 0252/432 3032/432 6722

valse in f op 34 no 3

Berlin
19 August
1928

78: Electrola EG 833
78: Victor 4101
LP: Desmar GHP 4001-4002
CD: Pearl GEMMCD 9928
CD: Magic Talent CD 48044

Switzerland
22 March-
30 September
1979

LP: Philips 9500 739/6768 233/6768 354
CD: Philips 410 0252/432 3032/432 6722

valse in a flat op 42

Switzerland
22 March-
30 September
1979

LP: Philips 9500 739/6768 233/6768 354
CD: Philips 410 0252/432 3032/432 6722

valse in d flat op 64 no 1

Switzerland
22 March-
30 September
1979

LP: Philips 9500 739/6768 233/6768 354
CD: Philips 410 0252/432 3032/432 6722

valse in c sharp minor op 64 no 2

Switzerland
22 March-
30 September
1979

LP: Philips 9500 739/6570 326/
    6768 233/6768 354
CD: Philips 410 0252/420 6552/
    432 3032/432 6722

56   Arrau

valse in a flat op 64 no 3

Switzerland　　　　　　　　　　　LP: Philips 9500 739/6768 233/6768 354
22 March-　　　　　　　　　　　　CD: Philips 410 0252/432 3032/432 6722
30 September
1979

valse in a flat op 69 no 1

Switzerland　　　　　　　　　　　LP: Philips 9500 739/6570 326/
22 March-　　　　　　　　　　　　　　 6768 233/6768 354
30 September　　　　　　　　　　　CD: Philips 410 0252/420 6552/
1979　　　　　　　　　　　　　　　　 432 3032/432 6722

valse in e minor op 69 no 2

Switzerland　　　　　　　　　　　LP: Philips 9500 739/6768 233/6768 354
22 March-　　　　　　　　　　　　CD: Philips 410 0252/432 3032/432 6722
30 September
1979

valse in g flat op 70 no 1

Switzerland　　　　　　　　　　　LP: Philips 9500 739/6768 233/6768 354
22 March-　　　　　　　　　　　　CD: Philips 410 0252/432 3032/432 6722
30 September
1979

valse in f minor op 70 no 2

Switzerland　　　　　　　　　　　LP: Philips 9500 739/6768 233/6768 354
22 March-　　　　　　　　　　　　CD: Philips 410 0252/432 3032/432 6722
30 September
1979

valse in d flat op 70 no 3

Switzerland　　　　　　　　　　　LP: Philips 9500 739/6768 233/6768 354
22 March-　　　　　　　　　　　　CD: Philips 410 0252/432 3032/432 6722
30 September
1979

valse in e minor op posth.

Switzerland
22 March-
30 September
1979

LP: Philips 9500 739/6570 326/
    6768 233/6768 354
CD: Philips 410 0252/432 3032/432 6722

valse in e op posth.

Switzerland
19-21
August
1980

LP: Philips 9500 963/6768 233/6768 354
CD: Philips 432 3032/432 6722

valse in a flat op posth.

Switzerland
19-21
August
1980

LP: Philips 9500 963/6768 233/6768 354
CD: Philips 432 3032/432 6722

2 valses in e flat op posth.

Switzerland
19-21
August
1980

LP: Philips 9500 963/6768 233/6768 354
CD: Philips 432 3032/432 6722

valse in a minor op posth.

Switzerland
19-21
August
1980

LP: Philips 9500 963/6768 233/6768 354
CD: Philips 432 3032/432 6722

58   Arrau

CLAUDE DEBUSSY (1862-1918)

preludes book 1

Switzerland
18-22
March
1979

LP: Philips 9500 676/6768 357
CD: Philips 420 3932/432 3042/432 6692

preludes book 2

Switzerland
24-30
September
1979

LP: Philips 9500 747/6768 357
CD: Philips 432 3042/432 3942/432 6702

la puerta del vino/preludes book 2

London
30 June
1951

78: Columbia LX 1550
LP: Desmar GHP 4001-4002
CD: Arlecchino ARL 168

pagodes/estampes

New York
29-30
March
1949

78: Columbia (USA) M 872
LP: Columbia (USA) ML 2086/ML 4786
CD: Arlecchino ARL 168

Switzerland
3-5
April
1980

LP: Philips 9500 965/6768 357
CD: Philips 420 3932/432 3042/432 6692

soirée dans grenade/estampes

New York
3-5
March
1949

78: Columbia (USA) M 872
LP: Columbia (USA) ML 2086/ML 4786
CD: Arlecchino ARL 168

Switzerland
3-5 April
1980

LP: Philips 9500 965/6768 357
CD: Philips 420 3932/432 3042/432 6692

jardins sous la pluie/estampes

London
1939

78: Parlophone R 20476
78: Parlophone (Australia) AR 1119
78: Odeon O-177262
CD: Pearl GEMMCD 9928
CD: Dante HPC 079
CD: Magic Talent CD 48044

New York
29-30
March
1949

78: Columbia (USA) M 872
LP: Columbia (USA) ML 2086/ML 4786
CD: Arlecchino ARL 168

Switzerland
3-5
April
1980

LP: Philips 9500 965/6768 357
CD: Philips 420 3932/432 3042/432 6692

Venice
6 November
1981

VHS Video: Philips 070 1113
Laserdisc: Philips 070 1111

images book 1

New York
30 March-
16 August
1949

78: Columbia (USA) M 971
LP: Columbia (USA) ML 2162/ML 4786

Switzerland
17-24
March
1979

LP: Philips 9500 965/6768 357
CD: Philips 420 3932/432 3042/432 6692

images book 2

New York
30 March-
16 August
1949

78: Columbia (USA) M 971
LP: Columbia (USA) ML 2162/ML 4786

Switzerland
17-24
March
1979

LP: Philips 9500 965/6768 357
CD: Philips 420 3942/432 3042/432 6072

60 Arrau

reflets dans l'eau/images book 1

Venice
6 November
1981

VHS Video: Philips 070 1113
Laserdisc: Philips 070 1111

pour le piano

New York
29 March
1949

78: Columbia (USA) M 872
LP: Columbia (USA) ML 2086/ML 4786

Ascona
9 September
1959

CD: Ermitage ERM 149

l'isle joyeuse

Switzerland
1984

Unpublished video recording

sarabande/pour le piano

Switzerland
6-12
January
1991

CD: Philips 434 6262/446 8592

la plus que lente

Switzerland
25-26
March
1991

CD: Philips 434 6262/446 8592

suite bergamasque

Switzerland
6-12
January
1991

CD: Philips 434 6262/446 8592

tarantelle styrienne

London
1939

78: Parlophone R 20476
78: Parlophone (Australia) AR 1119
78: Odeon O-117262
CD: Pearl GEMMCD 9928
CD: Arlecchino ARL 168
CD: Dante HPC 079
CD: Magic Talent CD 48044

valse romantique

Switzerland
25-26
March
1991

CD: Philips 434 6262/446 8592

ENRIQUE GRANADOS (1867-1916)

quejas o la maja y el ruisenor/goyescas

London 30 June 1951	78: Columbia LX 1550 45: Columbia SEL 1523 CD: Arlecchino ARL 168

EDVARD GRIEG (1843-1907)

piano concerto

London 19-20 April 1957	Philharmonia Galliera	LP: Columbia 33CX 1531 LP: Angel 35561
Amsterdam 24-28 May 1963	Concertgebouw Orchestra Dohnanyi	LP: Philips A02314L/835 189AY/AL 3452/ SAL 3452/6570 170/6580 108/6833 020 LP: Philips (USA) 500 047/900 047 CD: Philips 426 0792
Boston 8-17 March 1980	Boston SO Davis	LP: Philips 9500 891 CD: Philips 420 8742

FRANZ LISZT (1811-1886)

piano concerto no 1

Berlin 1942	Berlin RO Rosbaud	CD: Arlecchino ARLA 12
Philadelphia 17 February 1952	Philadelphia Orchestra Ormandy	LP: Columbia (USA) ML 4665/Y 34601 LP: Philips GBR 6511 CD: Sony MHK 62338
Copenhagen 1967	Danish RO Caridis	LP: Discocorp MLG 79
London 12-15 December 1979	LSO Davis	LP: Philips 9500 780 CD: Philips 416 4612

piano concerto no 2

New York 15 March 1953	NYPSO Cantelli	LP: Discocorp IGI 371 CD: Music and Arts CD 625 CD: As-Disc AS 509 CD: Arlecchino ARLA 12
London 12 May 1968	LPO Haitink	LP: Discocorp MLG 79
London 12-15 December 1979	LSO Davis	LP: Philips 9500 780 CD: Philips 416 4612

64   Arrau

hungarian fantasia for piano and orchestra

Philadelphia	Philadelphia	LP: Columbia (USA) ML 4665
17 February	Orchestra	LP: Philips GBL 5583/GBR 6511
1952	Ormandy	CD: Sony MHK 62338
		CD: Arlecchino ARLA 12

après une lecture de dante/années de pèlerinage 2

Venice
6 November
1981
VHS Video: Philips 070 1113
Laserdisc: Philips 070 1111

Hamburg
8-12
April
1982
LP: Philips 411 0552
CD: Philips 411 0552/432 3052

au bord d'une source/années de pèlerinage 1

Berlin
1928
78: Grammophon 95 112
LP: Desmar GHP 4001-4002

London
23 October
1950
Columbia unpublished

la chapelle de guillaume tell/années de pèlerinage 1

Switzerland
23 March-
1 April
1989
CD: Philips 422 0602/432 3052

les jeux d'eaux à la villa d'este/années de pèlerinage 3

Berlin 8 April 1929	78: Parlophone E 10871 78: Parlophone (Australia) A 4176 78: Odeon 0-6743 78: Decca (USA) 25175 LP: Desmar GHP 4001-4002 CD: Pearl GEMMCD 9928 CD: Dante HPC 079 CD: Magic Talent CD 48044
Amsterdam 7-8 March 1969	LP: Philips 802 906LY/SAL 3783 CD: Philips 432 3052
Venice 6 November 1981	VHS Video: Philips 070 1113 Laserdisc: Philips 070 1111

sonnetto 104 del petrarca/années de pèlerinage 2

Amsterdam 7-8 March 1969	LP: Philips 802 906L/SAL 3783 CD: Philips 432 3052
Switzerland 1984	Unpublished video recording

sonnetto 123 del petrarca/années de pèlerinage 2

Amsterdam 7-8 March 1969	LP: Philips 802 906LY/SAL 3783 CD: Philips 432 3052

vallée d'obermann/années de pèlerinage 1

Amsterdam 7-8 March 1969	LP: Philips 802 906LY/SAL 3783 CD: Philips 432 3052

Arrau

ballade no 2

Amsterdam 7-8 March 1969	LP: Philips 802 906LY/SAL 3783 CD: Philips 432 3052
Venice 6 November 1981	VHS Video: Philips 070 1113 Laserdisc: Philips 070 1111

6 chants polonais de frédéric chopin

Hamburg 8-12 April 1982	LP: Philips 411 0531 CD: Philips 411 0532/432 3052

mes joies/chants polonais de frédéric chopin

London 23 October 1950	78: Columbia LX 8792 LP: Desmar GHP 40012
Lugano Date not confirmed	CD: Eremitage ERM 104

gnomenreigen/concert studies

Lugano Date not confirmed	CD: Ermitage ERM 104
Amsterdam 22-24 March 1970	LP: Philips 6500 043/6570 345/6833 245 CD: Philips 432 3052

il lamento/concert studies

Amsterdam 21 March 1974- 7 November 1976	LP: Philips 6500 043/6747 412 CD: Philips 416 4612/432 3052/456 3392

la leggierezza/concert studies

Berlin
1928

78: Grammophon 95 112
LP: Desmar GHP 4001-4002

Amsterdam
21 March
1974-
7 November
1976

LP: Philips 6500 043/6747 412
CD: Philips 416 4612/432 3052/456 3392

un sospiro/concert studies

Amsterdam
21 March
1974-
7 November
1976

LP: Philips 6500 043/6747 412
CD: Philips 416 4612/432 3052/456 3392

waldesrauschen/concert studies

Amsterdam
22-24
March
1970

LP: Philips 6500 053/6570 345/
6833 245
CD: Philips 432 3052

concert paraphrase on verdi's aida

Amsterdam
1-4
November
1971

LP: Philips 6500 368
CD: Philips 432 3052

concert paraphrase on verdi's don carlo

Amsterdam
1-4
November
1971

LP: Philips 6500 368
CD: Philips 432 3052

68 Arrau

concert paraphrase on verdi's ernani

Amsterdam LP: Philips 6500 368
1-4 CD: Philips 432 3052
November
1971

concert paraphrase on verdi's i lombardi

Amsterdam LP: Philips 6500 368
1-4 CD: Philips 432 3052
November
1971

concert paraphrase on verdi's rigoletto

Amsterdam LP: Philips 6500 368/6747 199
1-4 CD: Philips 432 3052
November
1971

concert paraphrase on verdi's simon boccanegra

Amsterdam LP: Philips 6500 368
1-4 CD: Philips 432 3052
November
1971

concert paraphrase on verdi's il trovatore

Amsterdam LP: Philips 6500 368
1-4 CD: Philips 432 3052
November
1971

12 études d'exécution transcendante

Amsterdam LP: Philips 6747 412
21 March CD: Philips 416 4582/432 3052/
1974-   432 6672/456 3392
7 November
1976

paganini étude no 1

Berlin
1928

78: Grammophon 95 111
LP: Desmar GHP 4001-4002

paganini étude no 2

Berlin
1928

78: Grammophon 95 110
LP: Desmar GHP 4001-4002

paganini étude no 4

London
23 October
1950

Columbia unpublished

paganini étude no 5

Berlin
1928

78: Grammophon 95 110
LP: Desmar GHP 4001-4002

paganini étude no 6

Berlin
1928

78: Grammophon 95 111
LP: Desmar GHP 4001-4002

bénédiction de dieu dans la solitude/harmonies poétiques et réligieuses

Amsterdam
22-24
March
1970

LP: Philips 6500 043
CD: Philips 432 3052

funérailles/harmonies poétiques et réligieuses

Hamburg
8-12
April
1982

LP: Philips 411 0531
CD: Philips 411 0532/432 3052

70   Arrau

hungarian rhapsody no 2

New York   Columbia (USA) unpublished
22 February   Recording incomplete
1952

hungarian rhapsody no 8

New York   LP: IPA/Desmar DSM 1003
18 October   CD: Sony MHK 62338
1951

hungarian rhapsody no 9

New York   LP: IPA/Desmar DSM 1003
18 October   CD: Sony MHK 62338
1951

hungarian rhapsody no 10

New York   LP: IPA/Desmar DSM 1003
22 February   CD: Sony MHK 62338
1952

hungarian rhapsody no 11

New York   LP: IPA/Desmar DSM 1003
18 October   CD: Sony MHK 62338
1951

hungarian rhapsody no 13

New York   LP: IPA/Desmar DSM 1003
22 February   CD: Sony MHK 62338
1952

liebestraum no 3

Switzerland
23 March-
1 April
1989

CD: Philips 422 0602

mephisto waltz

Lugano
Date not
confirmed

CD: Ermitage ERM 104

Switzerland
23 March-
1 April
1989

CD: Philips 422 0602

rapsodie espagnole

Berlin
1929

78: Telefunken E 1629
LP: Discocorp MLG 79
LP: Desmar GHP 4001-4002

sonata in b minor

Amsterdam
22-24
March
1970

LP: Philips 6500 043
CD: Philips 432 3052/446 6172

Switzerland
24-26
June
1985

CD: Philips 422 0602

72   Arrau

valse mélancolique

Berlin   78: Electrola EG 836
19 August   78: Victor 4102
1928

valse oubliée no 1

London   Columbia unpublished
23 October
1950

Amsterdam   LP: Philips 802 906LY/SAL 3783
7-8   CD: Philips 432 3052
March
1969

FELIX MENDELSSOHN-BARTHOLDY (1809-1847)

andante and rondo capriccioso

London
30 June
1951

78: Columbia LX 1515
45: Columbia SEL 1523

SOPHIE MENTER (1846-1918)

waltz for claudio arrau

Details
not confirmed

Unpublished Duo Art piano roll 019
CD: Condon 690.07014

74 Arrau

WOLFGANG AMADEUS MOZART (1756-1791)

piano sonata no 1

Switzerland
23-27
June
1988

CD: Philips 422 4052/432 3062

piano sonata no 2

Switzerland
23-27
June
1988

CD: Philips 422 0562/432 3062

piano sonata no 3

Switzerland
23-27
June
1988

CD: Philips 422 4052/432 3062

piano sonata no 4

Switzerland
21-26
September
1985

LP: Philips 416 8301
CD: Philips 416 8302/432 3062

piano sonata no 5

New York
27 February
1941

78: Victor M 842
LP: Victor GM 43679
CD: Dante HPC 018

Switzerland
21-26
September
1985

LP: Philips 416 8301
CD: Philips 416 8302/432 3062

piano sonata no 6

Switzerland
2-6
October
1987

CD: Philips 422 1472/432 3062

piano sonata no 7

Switzerland
24-29
March
1986

CD: Philips 420 1702/432 3062

piano sonata no 8

Hamburg
18-21
September
1984

LP: Philips 416 6481
CD: Philips 416 6482/432 3062

piano sonata no 9

Switzerland
24-29
March
1986

CD: Philips 422 0562/432 3062

piano sonata no 10

Hamburg
18-21
September
1984

LP: Philips 416 6481
CD: Philips 416 6482/432 3062

piano sonata no 11

Switzerland
24-29
March
1986

CD: Philips 420 1702/432 3062

76 Arrau

piano sonata no 12

Salzburg
23 August
1956

CD: Orfeo C459 971B

Switzerland
21-26
September
1985

LP: Philips 416 8291
CD: Philips 416 8292/432 3062

piano sonata no 13

Switzerland
21-26
September
1985

LP: Philips 416 8291
CD: Philips 416 8292/432 3062

piano sonata no 14

Salzburg
23 August
1956

CD: Orfeo C459 971B

Amsterdam
6 November
1973-
8 September
1974

LP: Philips 6500 782
CD: Philips 432 3062

piano sonata no 15

Switzerland
21-26
September
1985

LP: Philips 416 6481
CD: Philips 416 6482/432 3062

piano sonata no 16

Switzerland
21-26
September
1985

LP: Philips 416 8301
CD: Philips 416 8302/432 3062

piano sonata no 17

London
3 July
1951

78: Columbia LX 1551-1553

Amsterdam
1-6
April
1983

LP: Philips 411 1361
CD: Philips 411 1362/432 3062

piano sonata no 18

New York
25-27
February
1941

78: Victor M 842
LP: Victor GM 43679
CD: Dante HPC 018

Salzburg
23 August
1956

CD: Orfeo C459 971B

Amsterdam
1-6
April
1983

LP: Philips 411 1361
CD: Philips 411 1362/432 3062

adagio in b minor

Amsterdam
1-6
April
1983

LP: Philips 411 1361
CD: Philips 411 1362/432 3062

fantasy in d minor

Amsterdam
2-4
July
1973

LP: Philips 6500 782/6833 245
CD: Philips 432 3062

Arrau

fantasy in c minor

Salzburg
23 August
1956

CD: Orfeo C459 971B

Amsterdam
2-4
July
1973

LP: Philips 6500 782
CD: Philips 432 3062

rondo in d

Hamburg
18-21
September
1984

CD: Philips 422 0562/432 3062

rondo in a minor

Amsterdam
2-4
July
1973

LP: Philips 6500 782/6833 245
CD: Philips 432 3062

MAURICE RAVEL (1875-1937)

gaspard de la nuit

New York   Columbia (USA) unpublished
18 August
1949

Lugano   CD: Ermitage ERM 104
Date not
confirmed

FRANZ SCHUBERT (1797-1828)

piano sonata no 13

Switzerland
3-7
April
1980

LP: Philips 9500 641/6768 352
CD: Philips 432 3072

piano sonata no 18

Switzerland
24 November-
2 December
1990

CD: Philips 432 9872/446 8592

piano sonata no 19

Switzerland
23 March-
27 September
1978

LP: Philips 9500 755/6768 352
CD: Philips 432 3072

piano sonata no 20

Switzerland
18-25
August
1982

LP: Philips 6514 368/6768 352
CD: Philips 432 3072

piano sonata no 21

Switzerland
29-31
May
1980

LP: Philips 9500 928/6768 352
CD: Philips 432 3072

allegretto in c minor

New York   Columbia (USA) unpublished
25 February
1949

London   LP: Columbia 33CX 1709/SAX 2363
15 October
1959

Switzerland   LP: Philips 9500 755/6768 352
23 March-   CD: Philips 432 3072
27 September
1978

wanderer fantasy

London   LP: Columbia 33CX 1569
22-25   LP: Angel 35637
October   LP: Desmar GHP 4001-4002
1957   CD: EMI CDH 761 0192

horch horch die lerch', arranged by liszt

Berlin   78: Electrola EG 833
1928   78: Victor 4101
                            LP: Desmar GHP 4001-4002

impromptu in c minor d899

Switzerland   LP: Philips 9500 641/6768 352
25-27   CD: Philips 432 3072
September
1978

impromptu in e flat d899

Switzerland   LP: Philips 9500 641/6768 352
25-27   CD: Philips 432 3072
September
1978

Arrau

impromptu in g flat d899

Switzerland
25-27
September
1978

LP: Philips 9500 641/6768 352
CD: Philips 432 3072

impromptu in a flat d899

Switzerland
25-27
September
1978

LP: Philips 9500 641/6768 352
CD: Philips 432 3072

impromptu in f minor d935

1922

Duo Art piano roll 010

Switzerland
8-12
January
1991

CD: Philips 434 1012/446 8592

impromptu in a flat d935

Switzerland
26 November-
2 December
1990

CD: Philips 434 1012/446 8592

impromptu in b flat d935

Switzerland
26 November-
2 December
1990

CD: Philips 434 1012/446 8592

impromptu in f minor d935

Switzerland
8-12
January
1991

CD: Philips 434 1012/446 8592

3 klavierstücke d946

London
2-3
September
1956

LP: Columbia 33CX 1569
LP: Angel 35637
LP: EMI 143 5321
CD: EMI CDH 761 0192
Nos 1 and 3
LP: EMI RLS 7712

Switzerland
1984

Unpublished video recording
No 1 only

Switzerland
8-12
January
1991

CD: Philips 434 1012/446 8592

march in e

London
15 October
1959

LP: Columbia 33CX 1709/SAX 2363

moment musical no 1

London
3-4
September
1956

45: Columbia SEL 1680/ESL 6285
LP: Columbia 33CX 1709/SAX 2363
LP: EMI YKM 5010
CD: EMI CDH 761 0192

Switzerland
24 November-
2 December
1990

CD: Philips 432 9872/446 8592

moment musical no 2

London
3-4
September
1956

45: Columbia SEL 1680/ESL 6285
LP: Columbia 33CX 1709/SAX 2363
CD: EMI CDH 761 0192

Switzerland
24 November-
2 December
1990

CD: Philips 432 9872/446 8592

Arrau

moment musical no 3

London
3-4
September
1956

45: Columbia SEL 1680/ESL 6285
LP: Columbia 33CX 1709/SAX 2363
CD: EMI CDH 761 0192

Switzerland
24 November-
2 December
1990

CD: Philips 432 9872/446 8592

moment musical no 4

London
3-4
September
1956

LP: Columbia 33CX 1709/SAX 2363
CD: EMI CDH 761 0192

Switzerland
24 November-
2 December
1990

CD: Philips 432 9872/446 8592

moment musical no 5

London
3-4
September
1956

LP: Columbia 33CX 1709/SAX 2363
CD: EMI CDH 761 0192

Switzerland
24 November-
2 December
1990

CD: Philips 432 9872/446 8592

moment musical no 6

London
3-4
September
1956

LP: Columbia 33CX 1709/SAX 2363
CD: EMI CDH 761 0192

Switzerland
24 November-
2 December
1990

CD: Philipd 432 9872/446 8592

ROBERT SCHUMANN (1810-1856)

piano concerto

Detroit 4 December 1944	Detroit SO Krueger	78: Victor M 1009 78: HMV DB 6373-6376/DB 9095-9098 auto CD: Dante HPC 009
New York March 1951	NYPSO De Sabata	LP: Discocorp IGI 297 LP: Cetra DOC 33 CD: Nuova era NE 6338 CD: Curcio-Hunt CON 019 CD: Arlecchino ARL 54
Walthamstow 24-31 May 1957	Philharmonia Galliera	LP: Columbia 33CX 1531 LP: Angel 35561
Amsterdam 24-28 May 1963	Concertgebouw Orchestra Dohnanyi	LP: Philips A02314L/835 189AY/AL 3542/ SAL 3542/6570 170/6580 108/ 6768 353/6833 020 LP: Philips (USA) 500 047/900 047 CD: Philips 426 0792
Amsterdam 21 April 1977	Concertgebouw Orchestra Jochum	CD: Tahra TAH 241
Boston 8-17 March 1980	Boston SO Davis	LP: Philips 9500 891 CD: Philips 420 8742

piano sonata no 1

Amsterdam
23-27
October
1967

LP: Philips 802 793LY/SAL 3663/
    6768 084/6768 353
CD: Philips 432 3082

piano sonata no 2

Berlin
31 March-
2 April
1972

LP: Philips 6500 394/6768 084/6768 353
CD: Philips 432 3082

arabeske

New York
18 December
1946

78: Columbia (USA) M 716

Amsterdam
23-27
October
1967

LP: Philips 839 709LY/SAL 3690/6570 320/
    6768 084/6768 353
LP: Philips (USA) 500 181/900 181
CD: Philips 432 3082

blumenstück

Amsterdam
24-27
June
1976

LP: Philips 6500 395/6768 084/
    6768 353/6833 245
CD: Philips 432 3082

carnaval

London
3-4
April
1939

78: Parlophone R 20448-20450/
    SW 8062-8064
78: Odeon 177276-177278
78: Victor M 1009
LP: Decca (USA) DL 7502
LP: EMI 143 5321
CD: Pearl GEMMCD 9928
CD: Dante HPC 009
CD: Magic Talent CD 48044

Amsterdam
15-18
September
1966

LP: Philips 802 746LY/SAL 3630/
    6768 084/6768 353
CD: Philips 420 8712/432 3082

davidsbündlertänze

Berlin
10-23
April
1971

LP: Philips 6500 178/6768 353
CD: Philips 432 3082

fantasy in c

Amsterdam
15-18
September
1966

LP: Philips 802 746LY/SAL 3630/6570 319/
6768 084/6768 353
CD: Philips 432 3082

Ascona
9 September
1959

CD: Ermitage ERM 149

fantasiestücke op 12

Berlin
31 March-
2 April
1972

LP: Philips 6500 423/6768 084/6768 353
CD: Philips 432 3082
Aufschwung
LP: Philips 6570 345

aufschwung & in der nacht/fantasiestücke op 12

1962

LP: Everest SDBR 3128
LP: United Nations UNM 2

fantasiestücke op 111

Amsterdam
13-14
April
1968

LP: Philips 802 793LY/SAL 3663/
6768 084/6768 353
CD: Philips 432 3082

faschingsschwank aus wien

Amsterdam
13-14
April
1968

LP: Philips 839 709LY/SAL 3690/
6768 084/6768 353
LP: Philips (USA) 500 181/900 181
CD: Philips 432 3082

humoreske

Amsterdam
13-14
April
1968

LP: Philips 839 709LY/SAL 3690/
6768 084/6768 353
CD: Philips 432 3082

88 Arrau

kinderszenen

Amsterdam
19-21
March
1974

LP: Philips 6500 395/6570 320/
6768 084/6768 353
CD: Philips 420 8712/432 3082
Träumerei
LP: Philips 6833 245

kreisleriana

New York
16-18
December
1946

78: Columbia (USA) M 716

Berlin
31 March-
2 April
1972

LP: Philips 6500 394/6768 084/6768 353
CD: Philips 432 3082

nachtstücke

Berlin
10-13
April
1971

LP: Philips 6500 178/6768 084/6768 353
CD: Philips 432 3082

novelettten

Berlin
31 March-
2 April
1972

LP: Philips 6500 396/6768 084/6768 353
CD: Philips 432 3082

papillons

Amsterdam
19-21
March
1974

LP: Philips 6500 395/6768 084/6768 353
CD: Philips 432 3082

3 romanzen

Amsterdam
24-27
June
1972

LP: Philips 6500 395/6768 084/6768 353
CD: Philips 432 3082

symphonic studies

Berlin
26-28
October
1970

LP: Philips 6500 130/6768 084/6768 353
CD: Philips 432 3082

Venice
6 November
1981

VHS Video: Philips 070 1113
Laserdisc: Philips 070 1111

abegg variations

Berlin
26-28
October
1970

LP: Philips 6500 130/6570 320/
    6768 084/6768 353
CD: Philips 432 3082

waldszenen

Salzburg
13 September
1972

LP: Philips 6500 423/6570 320/
    6768 084/6768 353
CD: Philips 420 8712/432 3082

RICHARD STRAUSS (1864-1949)

burleske for piano and orchestra

Chicago 13 April 1946	Chicago SO Defauw	78: Victor M 1216 LP: Victor CAL 191 CD: Arlecchino ARL 54 CAL 191 did not identify artists

IGOR STRAVINSKY (1882-1971)

danse russe/petrouchka

Berlin 1928	78: Grammophon 90 025 LP: Desmar GHP 4001-4002

PIOTR TCHAIKOVSKY (1840-1893)

piano concerto no 1

London 18-23 April 1960	Philharmonia Galliera	LP: Columbia 33CX 1731/SAX 2380 LP: Columbia (Germany) STC 91133/ SAXW 9540/SHZE 161 LP: Angel 60020 LP: World Records T 581/ST 581 LP: EMI 1C037 01697/1C051 01697
Boston 16-21 April 1979	Boston SO Davis	LP: Philips 9500 695/6851 176 CD: Philips 420 7172/426 7672/432 6622

CARL MARIA VON WEBER (1786-1826)

konzertstück for piano and orchestra

Chicago 13 April 1946	Chicago SO Defauw	78: Victor M 1216 LP: Victor CAL 191 CD: Arlecchino ARL 54 <u>CAL 191 did not identify artists</u>
London 19-23 April 1960	Philharmonia Galliera	LP: Columbia 33CX 1731/SAX 2380 LP: Angel 60020 LP: World Records T 581/ST 581 LP: EMI RLS 7712/1C051 01697/ 1C037 01697

piano sonata no 1

New York
20 February
1941

78: Victor M 884
78: HMV (Australia) ED 500-502
LP: Victor GM 43679
CD: Dante HPC 009

MISCELLANEOUS

arrau speaks about the beethoven sonatas

1969   LP: Philips (USA) PHS 3915

Georges Cziffra
1921-1994

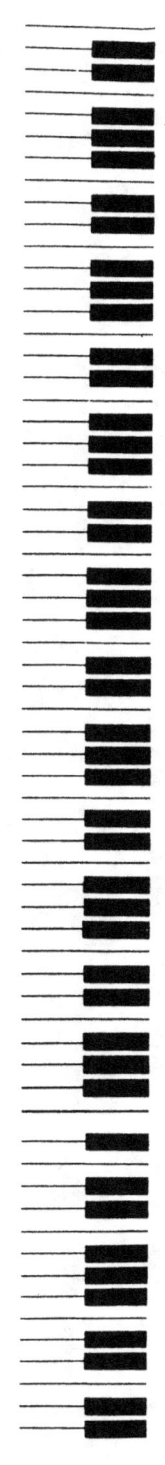

ROYAL FESTIVAL HALL
GENERAL MANAGER: T. E. BEAN, C.B.E.

PHILHARMONIA CONCERT SOCIETY LTD

ARTISTIC DIRECTOR:
WALTER LEGGE

PHILHARMONIA
ORCHESTRA
LEADER: HUGH BEAN

CARLO MARIA GIULINI
GYORGY CZIFFRA

ROSSINI: Overture, L'Italiana in Algeri
FRANCK: Symphonic Variations
WAGNER: Prelude and Liebestod from Tristan und Isolde

INTERVAL

LISZT: Hungarian Fantasia
MOUSSORGSKY-RAVEL: Pictures at an Exhibition

Thursday, 11th June, 1959
at 8 p.m.

Programme One Shilling

ALEXANDER ALABIEV (1787-1851)

le rossignol, arranged by liszt

Budapest 1955	CD: Appian APR 5545
Paris December 1956- March 1957	LP: HMV ALP 1803 LP: HMV (France) FALP 30200/FBLP 25030 LP: HMV (Italy) QALP 10274 LP: Angel 35610 LP: EMI 2C061 12856/2C053 12021 CD: EMI CDM 566 1622
Turin 22 January 1959	CD: Arkadia CDGI 905

DANIEL FRANCOIS AUBER (1782-1871)

tarantelle de bravoure from la muette de portici, arranged by liszt

Budapest 1954-1956	CD: Hungaroton HCD 31596
Paris 15 January 1958	LP: HMV (France) FALP 30380 LP: EMI 2C061 12855 CD: EMI CDM 556 1622/CZS 767 3662

CARL PHILIPP EMANUEL BACH (1714-1788)

andantino in b minor

Paris December 1956- March 1957	LP: HMV ALP 1691 LP: HMV (France) TRX 6137 LP: Angel 35611 CD: EMI CZS 767 3662

JOHANN SEBASTIAN BACH (1685-1750)

prelude and fugue in d, arranged by busoni

Lugano 19 December 1963	CD: Ermitage ERM 143
Senlis November 1981- September 1983	LP: Toshiba YM 1001 LP: EMI 2C167 73103-73104 CD: EMI CZS 762 8802

3 chorale preludes: wachet auf; in dir ist freude; erschienen ist der herrliche tag, arranged by busoni

Japan 1968	LP: Toshiba YM 1001 CD: EMI CDM 565 2552

MILY BALAKIREV (1837-1910)

islamay, arranged by cziffra

Budapest 4 November 1954	CD: Appian APR 7021
Paris December 1956- May 1957	LP: HMV ALP 1718 LP: HMV (Italy) QALP 10236 LP: Angel 35612 LP: EMI 2C061 11302/2C061 12816 CD: EMI CZS 767 3662

BELA BARTOK (1881-1945)

piano concerto no 2

Budapest   Budapest SO   CD: EMI CDH 566 1642
22 October   Rossi
1956

LUDWIG VAN BEETHOVEN (1770-1827)

piano sonata no 8 "pathétique"

Paris January- March 1970	LP: EMI 2C063 11134 CD: EMI CZS 767 3662

piano sonata no 10

Paris April- June 1968	LP: EMI 2C063 11134 CD: EMI CZS 767 3662

piano sonata no 12 "funeral march"

Paris 30 January 1965	LP: HMV (France) CVB 2220 CD: EMI CZS 767 3662

piano sonata no 13

Paris April- June 1968	LP: EMI 2C063 11134 CD: EMI CZS 767 3662

piano sonata no 21 "waldstein"

Lugano 19 December 1963	CD: Ermitage ERM 143

piano sonata no 22

Paris
14 January
1958

LP: HMV ALP 1717
CD: EMI CDM 565 2542

piano sonata no 23 "appassionata"

Paris
30 January
1965

LP: HMV (France) CVB 2220

bagatelle in a minor "für elise"

Paris
December
1956-
March
1957

45: HMV (Italy) 7RQ 3158/7ERQ 237
45: Electrola E 41604
LP: HMV ALP 1803
LP: HMV (France) FALP 30200
LP: HMV (Italy) QALP 10274
LP: EMI 2C053 12021

polonaise in c

Paris
December
1956-
March
1957

LP: HMV ALP 1691
LP: HMV (France) TRX 6137
LP: Angel 35611
CD: EMI CZS 767 3662

rondo in g "rage over a lost penny"

Paris
December
1956-
March
1957

LP: HMV ALP 1717
CD: EMI CZS 767 3662

variations on god save the king

Paris
14 January
1958

LP: HMV ALP 1717
CD: EMI CZS 767 3662

variations on a russian theme

Paris
15 February-
13 June
1958

LP: HMV ALP 1717
CD: EMI CZS 767 3662

32 variations in c minor

Paris
19 December
1957

LP: HMV ALP 1717
CD: EMI CZS 767 3662

GEORGES BIZET (1838-1875)

minuetto from l'arlésienne, arranged by rachmaninov

Paris
16 January
1971

LP: EMI 2C069 11327
CD: EMI CDM 565 2532

JOHANNES BRAHMS (1833-1897)

15 hungarian dances

Senlis May 1983	LP: EMI 173 1311 CD: EMI CDM 556 1622/CZS 762 8802 <u>The selection comprises nos. 1-6, 8-10, 12, 13, 16, 17, 19 and 21</u>

hungarian dance no 5, arranged by cziffra

Budapest 1954-1956	CD: Hungaroton HCD 31596
Paris December 1956	LP: HMV ALP 1604 CD: EMI CZS 767 3662/CDH 566 1622

variations on a theme of paganini

Tokyo 1967	LP: Toshiba YM 1001 CD: EMI CZS 767 3662

waltz in a flat

Paris December 1956- March 1957	45: HMV (Italy) 7ERQ 253 45: Electrola E 41604 LP: HMV ALP 1803 LP: HMV (France) FALP 501/FALP 30200 LP: HMV (Italy) QALP 10274 LP: EMI 1C049 30235/2C053 12021/ 2C053 12811

FREDERIC CHOPIN (1810-1849)

piano concerto no 1

Paris 1967	Orchestre National Rosenthal	LP: Philips AL 3450/SAL 3450/ZKY894 004 835 177AY CD: Philips 434 5472
Paris 26 June 1968	Orchestre de Paris Cziffra jun.	LP: EMI 2C069 14146 CD: EMI CDM 565 2512

andante spianato and grande polonaise

Paris   Orchestre   CD: Philips 434 5472
1967   National
            Rosenthal

krakowiak for piano and orchestra

Monte-Carlo   Monte-Carlo   LP: EMI 2C069 16337
23-25   Opera Orchestra   CD: EMI CZS 762 5332
May   Cziffra jun.
1978

ballade no 4

Paris   LP: Philips 835 170AY
1963   CD: Philips 434 5472

Lugano   CD: Ermitage ERM 103
1969

Paris   LP: EMI 2C061 11302
7 October   CD: EMI CDM 565 2512
1970

barcarolle

Paris   LP: EMI 2C069 14063
20 September   CD: EMI CMS 769 4402/CZS 569 4252
1969

104 Cziffra

berceuse

Paris
1963

LP: Philips 835 170AY
CD: Philips 434 5472

boléro

Paris
20 September
1969

LP: EMI 2C069 14063
CD: EMI CMS 769 4402/CZS 569 4252

2 chants polonais, arranged by liszt (souhait d'une jeune fille; mes joies)

Paris
20 September
1969

LP: EMI 2C069 14063
CD: EMI CMS 769 4402/CZS 569 4252

étude no 1

Paris
1962

LP: Philips AL 3427/SAL 3427/SDAL 504
CD: Philips 434 5472

étude no 2

Paris
1962

LP: Philips AL 3427/SAL 3427/SDAL 504
CD: Philips 434 5472

étude no 3

Paris December 1956- March 1957	45: HMV (Italy) 7RQ 3163/7ERQ 237 45: Electrola E 41604 LP: HMV ALP 1803 LP: HMV (France) FALP 30200 LP: HMV (Italy) QALP 10274 LP: EMI 2C053 12021/2C069 14012
Paris 1962	LP: Philips AL 3427/SAL 3427/SDAL 504 CD: Philips 434 5472
Lugano 1969	CD: Ermitage ERM 103
Paris February- November 1974	CD: EMI CDM 565 2512

étude no 4

Budapest 1948	CD: Appian APR 5545
Paris 1962	LP: Philips AL 3427/SAL 3427/SDAL 504 CD: Philips 434 5472
Senlis November 1981- September 1983	LP: EMI 2C167 73103-73104 CD: EMI CZS 762 8802

étude no 5

Paris 1962	LP: Philips AL 3427/SAL 3427/SDAL 504 CD: Philips 434 5472
Senlis November 1981- September 1983	LP: EMI 2C167 73103-73104 CD: EMI CZS 762 8802

étude no 6

Paris
1962

LP: Philips AL 3427/SAL 3427/SDAL 504
CD: Philips 434 5472

étude no 7

Paris
1962

LP: Philips AL 3427/SAL 3427/SDAL 504
CD: Philips 434 5472

étude no 8

Paris
1962

LP: Philips AL 3427/SAL 3427/SDAL 504
CD: Philips 434 5472

étude no 9

Paris
1962

LP: Philips AL 3427/SAL 3427/SDAL 504
CD: Philips 434 5472

étude no 10

Paris
1962

LP: Philips AL 3427/SAL 3427/SDAL 504
CD: Philips 434 5472

Lugano
1969

CD: Ermitage ERM 103

Senlis
1978

LP: EMI 2C167 73103-73104
CD: EMI CDM 565 2512

étude no 11

Paris
1962

LP: Philips AL 3427/SAL 3427/
SDAL 504/ZKY894.004
CD: Philips 434 5472

étude no 12

Paris
1962

LP: Philips AL 3427/SAL 3427/SDAL 504
CD: Philips 434 5472

Lugano
1969

CD: Ermitage ERM 103

Senlis
November
1981-
September
1983

LP: EMI 2C167 73103-73104
CD: EMI CZS 762 8802

108 Cziffra

étude no 13

Paris 1962	LP: Philips AL 3427/SAL 3427 CD: Philips 434 5472
Paris 20 September 1969	LP: EMI 2C061 10556/2C069 14012 CD: EMI CDM 565 2512
Lugano 1969	CD: Ermitage ERM 103

étude no 14

Paris 1962	LP: Philips AL 3427/SAL 3427 CD: Philips 434 5472
Paris February- November 1974	CD: EMI CDM 565 2512

étude no 15

Paris 1962	LP: Philips AL 3427/SAL 3427 CD: Philips 434 5472

étude no 16

Paris 1962	LP: Philips AL 3427/SAL 3427 CD: Philips 434 5472

étude no 17

Paris 1962	LP: Philips AL 3427/SAL 3427 CD: Philips 434 5472

étude no 18

Paris 1962	LP: Philips AL 3427/SAL 3427

étude no 19

Paris
1962

LP: Philips AL 3427/SAL 3427

étude no 20

Paris
1962

LP: Philips AL 3427/SAL 3427

étude no 21

Paris
1962

LP: Philips AL 3427/SAL 3427

étude no 22

Paris
1962

LP: Philips AL 3427/SAL 3427
CD: Philips 434 5472

étude no 23

Paris
1962

LP: Philips AL 3427/SAL 3427

étude no 24

Paris
1962

LP: Philips AL 3427/SAL 3427

fantasy in f minor

Paris
27 December
1956

LP: HMV ALP 1713
LP: HMV (France) FALP 516
CD: EMI CZS 767 3662

fantaisie-impromptu in c sharp minor

Lugano
1969

CD: Ermitage ERM 103

Senlis
5 November
1978-
12 April
1981

LP: EMI 2C167 73103-73104/2C069 14012/
    2C069 14063
CD: EMI CMS 769 4402/CZS 569 4252/
    CZS 762 8802

impromptu no 1

Paris
20 September
1969

LP: EMI 2C069 14063
CD: EMI CMS 769 4402/CDM 565 2512/
    CZS 569 4252

impromptu no 2

Paris
20 September
1969

LP: EMI 2C069 14012/2C069 14063
CD: EMI CMS 769 4402/CZS 569 4252

impromptu no 3

Paris
20 September
1969

LP: EMI 2C069 14063
CD: EMI CMS 769 4402/CZS 569 4252

introduction and variations on a theme from hérold's ludovic

Senlis
5 November
1978-
12 April
1981

CD: Appian APR 5554
CD: EMI CZS 762 8802

piano sonata no 2 "funeral march"

Paris　　　　　　　　　　　　　　LP: Philips 835 170AY
1963　　　　　　　　　　　　　　CD: Philips 434 5472

Paris　　　　　　　　　　　　　　LP: EMI 2C069 16317
1973-1978　　　　　　　　　　　CD: EMI CMS 769 4402/CZS 569 4252

piano sonata no 3

Paris　　　　　　　　　　　　　　LP: EMI 2C069 16317
1973-1978　　　　　　　　　　　CD: EMI CMS 769 4402/CZS 569 4252

nocturne in b flat minor op 9 no 1

Senlis　　　　　　　　　　　　　LP: EMI 2C167 73103-73104
November　　　　　　　　　　　CD: EMI CZS 762 8802
1981-
September
1983

nocturne in e flat op 9 no 2

Paris　　　　　　　　　　　　　　LP: HMV ALP 1896/ASD 464
December　　　　　　　　　　　LP: HMV (France) CVPM 130518
1956-　　　　　　　　　　　　　LP: HMV (Italy) WALP 10234
March　　　　　　　　　　　　　LP: EMI 2C053 12022
1957

13-14　　　　　　　　　　　　　CD: EMI CDM 565 2512
March
1978

Senlis　　　　　　　　　　　　　CD: EMI CZS 762 8802
November
1981-
September
1983

nocturne in d flat op 27 no 2

Paris　　　　　　　　　　　　　　LP: Philips ZKY 894.004/835 170AY
1963　　　　　　　　　　　　　　CD: Philips 434 5472

Cziffra

polonaise no 1

Paris
1963

LP: Philips AL 3425/A02268L/SDAL 504
CD: Philips 434 5472

polonaise no 2

Paris
1963

LP: Philips AL 3425/A02268L/SDAL 504
CD: Philips 434 5472

polonaise no 3

Lugano
19 December
1963

CD: Ermitage ERM 143

Paris
1963

LP: Philips AL 3425/A00268L/SDAL 504
CD: Philips 434 5472

Paris
20 September
1969

LP: EMI 2C069 12790/2C069 10556
CD: EMI CDM 565 2512/CMS 769 4402/
CZS 569 4252

polonaise no 4

Paris
1963

LP: Philips AL 3425/A02268L

Paris
20 September
1969

LP: EMI 2C069 12790
CD: EMI CMS 769 4402/CZS 569 4252

polonaise no 5

Paris
1963

LP: Philips AL 3425/A02268L

Paris
20 September
1969

LP: EMI 2C069 12790
CD: EMI CMS 769 4402/CZS 569 4252

polonaise no 6

Lugano
19 December
1963

CD: Ermitage ERM 143

Paris
1963

LP: Philips AL 3425/A00268L/ZKY894.004
CD: Philips 434 5472

Paris
20 September
1969

LP: EMI 2C069 12790
CD: EMI CMS 769 4402/CZS 569 4252

Senlis
5 November
1978-
12 April
1981

CD: Appian APR 5554

polonaise-fantaise in a flat

Paris
20 September
1969

LP: EMI 2C069 12790
CD: EMI CMS 769 4402/CZS 569 4252

Senlis
5 November
1978-
12 April
1981

CD: Appian APR 5554

prélude no 16

Paris
December
1956-
March
1957

LP: HMV ALP 1896/ASD 464
LP: HMV (France) CVPM 130518
LP: HMV (Italy) QALP 10234

Cziffra

scherzo no 2

Paris 1963	LP: Philips 835 170AY CD: Philips 434 5472
Senlis November 1981- September 1983	LP: EMI 2C167 73103-73104 CD: EMI CZS 762 8802

scherzo no 4

Senlis November 1981- September 1983	CD: EMI CZS 762 8802

tarantelle in a flat

Paris 20 September 1969	LP: EMI 2C069 14063 CD: EMI CMS 769 4402/CZS 569 4252

valse in e flat op 18

Paris 1962	LP: Philips AL 3426/A02266L/835 147AY/ ZKY9894.004 CD: Philips 434 5472
Paris 15 February 1977- 18 April 1978	LP: EMI 2C069 16270 CD: EMI CDZ 252 2312

valse in a flat op 34 no 1

Paris
1962

LP: Philips AL 3426/A02266L/835 147AY
CD: Philips 434 5472

Paris
15 February
1977-
18 April
1978

LP: EMI 2C069 16270
CD: EMI CDZ 252 2312

valse in a minor op 34 no 2

Paris
1962

LP: Philips AL 3426/A02266L/835 147AY
CD: Philips 434 5472

Paris
15 February
1977-
18 April
1978

LP: EMI 2C069 16270
CD: EMI CDZ 252 2312

valse in f op 34 no 3

Paris
1962

LP: Philips AL 3426/A02266L/835 147AY
CD: Philips 434 5472

Paris
15 February
1977-
18 April
1978

LP: EMI 2C069 16270
CD: EMI CDZ 252 2312

valse in a flat op 42

Paris
1962

LP: Philips AL 3426/A02266L/835 147AY
CD: Philips 434 5472

Lugano
1969

CD: Ermitage ERM 103

Paris
15 February
1977-
18 April
1978

LP: EMI 2C069 16270
CD: EMI CDZ 252 2312

valse in d flat op 64 no 1

Paris
December
1956-
March
1957
LP: HMV ALP 1896/ASD 464
LP: HMV (France) CVPM 130518
LP: HMV (Italy) QALP 10324
LP: EMI 2C053 12022

Paris
1962
LP: Philips AL 3426/A02266L/835 147AY
CD: Philips 434 5472

Lugano
1969
CD: Ermitage ERM 103

Paris
15 February
1977-
18 April
1978
LP: EMI 2C069 16270
CD: EMI CDZ 252 2312

valse in c sharp minor op 64 no 2

Paris
1962
LP: Philips AL 3426/A02266L/
    835 147AY/SDAL 504
CD: Philips 434 5472

Lugano
1969
CD: Ermitage ERM 103

Paris
February-
November
1974
CD: EMI CDM 565 2512

Paris
15 February
1977-
18 April
1978
LP: EMI 2C069 16270/2C069 14012
CD: EMI CDZ 252 2312

valse in a flat op 64 no 3

Paris
1962
LP: Philips AL 3426/A02266L/
    835 147AY/SDAL 504
CD: Philips 434 5472

Paris
15 February
1977-
18 April
1978
LP: EMI 2C069 16270
CD: EMI CDZ 252 2312

valse in a flat op 69 no 1

Paris
1962

LP: Philips AL 3426/A02266L/
    835 147AY/SDAL 504
CD: Philips 434 5472

Paris
15 February
1977-
18 April
1978

LP: EMI 2C069 16270
CD: EMI CDZ 252 2312

valse in b minor op 69 no 2

Paris
1962

LP: Philips AL 3426/A02266L/
    835 147AY/SDAL 504
CD: Philips 434 5472

Paris
15 February
1977-
18 April
1978

LP: EMI 2C069 16270
CD: EMI CDZ 252 2312

valse in g flat op 70 no 1

Paris
1962

LP: Philips AL 3426/A02266L/
    835 147AY/SDAL 504
CD: Philips 434 5472

Paris
15 February
1977-
18 April
1978

LP: EMI 2C069 16270
CD: EMI CDZ 252 2312

valse in f minor op 70 no 2

Paris
1962

LP: Philips AL 3426/A02266L/
    835 147AY/SDAL 504
CD: Philips 434 5472

Paris
15 February
1977-
18 April
1978

LP: EMI 2C069 16270
CD: EMI CDZ 252 2312

Cziffra

valse in d flat op 70 no 3

Paris
1962

LP: Philips AL 3426/A02266L/
    835 147AY/SDAL 504
CD: Philips 434 5472

Paris
15 February
1977-
18 April
1978

LP: EMI 2C069 16270
CD: EMI CDZ 252 2312

valse in e minor op posth.

Paris
1962

LP: Philips AL 3426/A02266L/
    835 147AY/SDAL 504
CD: Philips 434 5472

Paris
15 February
1977-
18 April
1978

LP: EMI 2C069 16270
CD: EMI CDZ 252 2312

valse in e op posth.

Paris
15 February
1977-
18 April
1978

LP: EMI 2C069 16270
CD: EMI CDZ 252 2312

valse in a flat op posth.

Paris
15 February
1977-
18 April
1978

LP: EMI 2C069 16270
CD: EMI CDZ 252 2312

2 valses in e flat op posth.

Paris
15 February
1977-
18 April
1978

LP: EMI 2C069 16270
CD: EMI CDZ 252 2312

valse in a minor op posth.

Paris
15 February
1977-
18 April
1978

LP: EMI 2C069 16270
CD: EMI CDZ 252 2312

FRANCOIS COUPERIN (1668-1733)

livre de clavecin, excerpts (les papillons; les barricades mystérieuses; l'anguille; la bandoline; les petits moulins à vent; les folies françaises ou les dominos)

Paris
16 April
1980-
26 June
1981

LP: EMI 2C069 73080
CD: EMI CDM 565 2532/CZS 767 3662

les moissonneurs/livre de clavecin

Budapest
1948

CD: Appian APR 5545

Paris
20 November
1969

LP: EMI 2C061 10556
CD: EMI CDM 565 2552

Paris
16 April
1980-
26 June
1981

LP: EMI 2C069 73080
CD: EMI CDM 565 2532

le tic-toc-choc ou les maillotins

Paris
December
1956-
March
1957

LP: HMV ALP 1691
LP: HMV (France) TRX 6137
LP: Angel 35611
CD: EMI CZS 767 3662

Paris
16 April
1980-
26 June
1981

LP: EMI 2C069 73080
CD: EMI CDM 565 2532

GEORGES CZIFFRA (1921-1994)

réminiscences de johann strauss

Paris
December
1956-
March
1957

LP: HMV ALP 1803
LP: HMV (France) FALP 30200
LP: HMV (Italy) QALP 10274
LP: Angel 35610
LP: EMI 2C053 12021/2C061 12811

rumanian fantasy

Paris
December
1956-
December
1957

LP: HMV ALP 1604
LP: HMV (France) FALP 501
LP: EMI 2C061 12811
CD: EMI CZS 767 3662/CDM 566 1622

LOUIS-CLAUDE DACQUIN (1694-1772)

le coucou

Paris
December
1956-
March
1957

LP: HMV ALP 1803
LP: HMV (France) FALP 30200
LP: HMV (Italy) QALP 10274
LP: EMI 2C053 12021

Paris
16 April
1980-
26 June
1981

LP: EMI 2C069 73080
CD: EMI CDM 565 2532

l'hirondelle

Paris
16 April
1980-
26 June
1981

LP: EMI 2C069 73080
CD: EMI CDM 565 2532

CLAUDE DEBUSSY (1862-1918)

clair de lune/suite bergamasque

Paris
December
1956-
March
1957

LP: HMV ALP 1803
LP: HMV (France) FALP 30200
LP: HMV (Italy) QALP 10274
LP: Angel 35610
LP: EMI 2C053 12021

la fille aux cheveux de lin

Paris
December
1956-
March
1957

LP: HMV ALP 1896/ASD 464
LP: HMV (France) CVPM 130518
LP: HMV (Italy) QALP 10324
LP: EMI 2C053 12022

la plus que lente

Paris
13-14
February
1974

LP: EMI 2C069 14012
CD: EMI CDM 565 2552

ERNO DOHNANYI (1877-1960)

capriccio, arranged by cziffra

Vaison-la-
Romane
1973

CD: Appian APR 5545

Paris
13-14
February
1974

LP: EMI 2C069 14012
CD: EMI CDM 565 2552

MANUEL DE FALLA (1876-1946)

ritual fire dance/el amor brujo

Paris December 1956- March 1957	45: HMV (Italy) 7RQ 3107 LP: HMV ALP 1803 LP: HMV (France) FALP 30200 LP: HMV (Italy) QALP 10274 LP: EMI 2C053 12021

JOHN FIELD (1782-1837)

rondo scherzando no 1

Budapest   CD: Appian APR 7021
20 January
1955

CESAR FRANCK (1822-1890)

variations symphoniques pour piano et orchestre

London 13-14 January 1961	Philharmonia Vandernoot	LP: HMV (France) CVB 1703/ FALP 30345-30349 CD: EMI CZS 767 3662
Paris 10-11 September 1969	Budapest SO Cziffra jun.	LP: EMI TWO 313/SHZE 312/2C069 10750 CD: EMI CZS 762 5332
Villach 1973	Hungarian State Orchestra Cziffra jun.	CD: Appian APR 5545

prélude choral et fugue

Paris   CD: EMI CDM 565 2552
25 May
1964

GEORGE GERSHWIN (1898-1937)

rhapsody in blue

Budapest	Hungarian	CD: Hungaroton HCD 31569
21 February	State Orchestra	
1955	Rozsnyai	

CHARLES GOUNOD (1818-1893)

faust waltz, arranged by liszt

Paris
15 January
1958

LP: HMV ALP 1896/ASD 464
LP: HMV (France) CVPM 130518
LP: HMV (Italy) QALP 10324
LP: EMI 2C053 12022
CD: EMI CZS 767 3662

EDVARD GRIEG (1843-1907)

piano concerto

Budapest 26 April 1956	Hungarian State Orchestra Rozsnyai	CD: Appian APR 7021
London 4-5 July 1958	Philharmonia Vandernoot	LP: HMV ALP 1678/ASD 301 LP: HMV (France) CVB 1703/FBLP 25503/ FBLP 125503/FALP 30345-30349 LP: HMV (Italy) QALP 10234/ASDQ 5258 LP: Angel 35738 CD: EMI CZS 767 3662
Paris 10-11 September 1969	Budapest SO Cziffra jun.	LP: EMI TWO 313/SHZE 312/2C069 10750 CD: EMI CZS 762 5332

papillon/lyric pieces

Paris
15 January
1958

LP: HMV ALP 1896/ASD 464
LP: HMV (France) CVPM 130518
LP: HMV (Italy) QALP 10324
LP: EMI 2C053 12022

JOHANN NEPOMUK HUMMEL (1778-1837)

rondo in e flat

Paris	LP: HMV ALP 1691
December	LP: HMV (France) TRX 6137
1956-	LP: Angel 35611
December	LP: EMI 2C061 10556
1957	CD: EMI CZS 767 3662

ARAM KHACHATURIAN (1903-1978)

sabre dance from gayaneh, arranged by cziffra

Paris	45: HMV (Italy) 7RQ 3107
18 December	LP: HMV ALP 1604
1956	LP: HMV (France) FALP 501
	CD: EMI CDM 565 2552

JOHANN KREBS (1713-1780)

bourrée in e flat

Paris	LP: HMV ALP 1691
December	LP: HMV (France) TRX 6137
1956-	LP: Angel 35611
March	CD: EMI CZS 767 3662
1957	

FRANZ LISZT (1811-1886)

piano concerto no 1

Budapest 15 August 1956	Budapest SO Lehel	CD: Appian APR 7021
Paris 28-29 January 1957	Conservatoire Orchestra Dervaux	LP: HMV ALP 1455 LP: Electrola E 90891/WALP 1455 LP: Angel 35436 LP: EMI 2C061 12857 CD: EMI CZS 767 3662
London 13-14 January 1961	Philharmonia Vandernoot	LP: HMV ALP 2082/ASD 629 LP: HMV (France) CVD 3218/ 　　FALP 30345-30349 LP: HMV (Italy) QALP 5334/ASDQ 5334 LP: Electrola E 91139 LP: EMI 1C053 10071/2C053 10071 CD: EMI CDM 565 2522
Paris 1968	Orchestre de Paris Cziffra jun.	LP: EMI 2C069 50033/3C065 50033/ 　　2C165 10313-10314 CD: EMI CDC 747 6402

piano concerto no 2

London 4-5 July 1958	Philharmonia Vandernoot	LP: HMV ALP 1678/ASD 301 LP: HMV (France) CVD 3218/ 　　FALP 30345-30349 LP: HMV (Italy) QALP 10234/ASDQ 5258 LP: Electrola E 91139 LP: Angel 35738 LP: EMI 1C053 10071/2C053 10071 CD: EMI CDM 565 2522/CZS 767 3662
Paris 1968	Orchestre de Paris Cziffra jun.	LP: EMI 2C069 50033/3C065 50033/ 　　2C165 10313-10314 CD: EMI CDC 747 6402

hungarian fantasia for piano and orchestra

Paris 29 January- 1 February 1957	Conservatoire Orchestra Dervaux	LP: HMV ALP 1455 LP: Electrola E 90891/WALP 1455 LP: Angel 35436 LP: EMI 2C061 12857 CD: EMI CDH 566 1642
London 14-15 February 1964	Philharmonia Vandernoot	LP: HMV ALP 2082/ASD 629 LP: HMV (France) CVB 1810 LP: HMV (Italy) QALP 5334/ASDQ 5334 CD: EMI CZS 767 3662
Paris 1968	Orchestre de Paris Cziffra jun.	LP: EMI TWO 313/SHZE 312/2C069 10313/ 3C065 10313/2C165 10313-10314 CD: EMI CDC 747 6402

totentanz for piano and orchestra

London 14-15 February 1964	Philharmonia Vandernoot	LP: HMV ALP 2082/ASD 629 LP: HMV (France) CVB 1810 LP: HMV (Italy) QALP 5334/ASDQ 5334 CD: EMI CZS 767 3662
Paris 1968	Orchestre de Paris Cziffra jun.	LP: EMI 2C069 10313/3C065 10313/ 2C165 10313-10314 CD: EMI CDC 747 6402

piano sonata in b minor

Paris 30 January 1968		LP: HMV (France) CVB 2130 LP: EMI 2C069 10459/3C065 10459 CD: EMI CDM 565 2502

fantasia and fugue on bach

Paris
1963
LP: Philips AL 3465/SAL 3465/835 191AY
CD: Philips 434 5472

grand galop chromatique

Budapest
21 October
1954
CD: Appian APR 7021

Paris
December
1956-
March
1957
LP: HMV ALP 1534
LP: HMV (France) FALP 30063/
FALP 30345-30349
LP: HMV (Italy) QALP 10192
LP: Electrola E 90158
LP: Angel 35528
LP: EMI 2C061 12856
CD: EMI CZS 767 3662

Turin
22 January
1959
CD: Arkadia CDGI 905

hungarian rhapsody no 1

Paris
23 February
1957-
30 May
1958
LP: HMV (France) UVD 3397
LP: HMV (Italy) QALP 10313-10315
LP: EMI 2C061 12851/173 1613
CD: EMI CMS 769 4282

Paris
10 January
1972-
10 July
1975
LP: EMI 1C183 14021-14023/
2C167 14021-14023/3C165 14021-14023
CD: EMI CMS 764 8822/CZS 569 0032

hungarian rhapsody no 2

Budapest
21 August
1956

45: HMV (Italy) 7ERQ 260
45: Electrola E 41135
LP: HMV ALP 1446
LP: HMV (France) FBLP 25030/
UVD 3064/UVD 3397/FALP 30345-30349
LP: HMV (Italy) QALP 10313-10315/QALP10177
LP: Electrola E 60731/E 90889/WALP 1446
LP: Angel 35429
LP: EMI 2C061 12851/3C053 10772/
2C053 10772/173 1613
CD: EMI CMS 769 4282
CD: Appian APR 7021

Lugano
1969

CD: Ermitage ERM 103

Paris
10 January
1972-
10 July
1975

LP: EMI 1C183 14021-14023/ 2C069 73010
2C167 14021-14023/3C165 14021-14023
CD: EMI CDC 747 3702/CDC 556 2282/
CMS 764 8822/CZS 569 0032

Senlis
1977

CD: Appian APR 5545

hungarian rhapsody no 3

Paris
23 February
1957-
30 May
1958

LP: HMV (France) UVD 3397
LP: HMV (Italy) QALP 10313-10315
LP: EMI 2C061 12851/173 1613
CD: EMI CMS 769 4282

Paris
10 January
1972-
10 July
1975

LP: EMI 1C183 14021-14023/
2C167 14021-14023/3C165 14021-14023
CD: EMI CMS 764 8822/CZS 569 0032

hungarian rhapsody no 4

Paris
23 February
1957-
30 May
1958

LP: HMV (France) UVD 3397
LP: HMV (Italy) QALP 10313-10315
LP: EMI 2C061 12851/173 1613
CD: EMI CMS 769 4282

Paris
10 January
1972-
10 July
1975

LP: EMI 1C183 14021-14023/
    2C167 14021-14023/3C165 14021-14023
CD: EMI CMS 764 8822/CZS 569 0032

hungarian rhapsody no 5

Paris
23 February
1957-
30 May
1958

LP: HMV (France) UVD 3397
LP: HMV (Italy) QALP 10313-10315
LP: EMI 2C061 12851/173 1613
CD: EMI CMS 769 4282

Paris
10 January
1972-
10 July
1975

LP: EMI 1C183 14021-14023/
    2C167 14021-14023/3C165 14021-14023
CD: EMI CMS 764 8822/CZS 569 0032

hungarian rhapsody no 6

Budapest
21 August
1956

LP: HMV ALP 1446
LP: HMV (France) FBLP 25030/UVD 3064/
    UVD 3397/FALP 30345-30349
LP: HMV (Italy) QALP 10313-10315/QALP10177
LP: Electrola E 60731/E 90889/WALP 1446
LP: Angel 35429
LP: EMI 2C061 12851/2C053 10772/
    3C053 10772/173 1613
CD: EMI CMS 769 4282
CD: Appian APR 7021

Turin
22 January
1959

CD: Arkadia CDGI 905

Paris
10 January
1972-
10 July
1975

LP: EMI 1C183 14021-14023/2C069 73010/
    2C167 14021-14023/3C165 14021-14023
CD: EMI CDC 747 3702/CDC 556 2282/
    CMS 764 8822/CZS 569 0032

hungarian rhapsody no 7

Paris
23 February
1957-
30 May
1958

LP: HMV (France) UVD 3398
LP: HMV (Italy) QALP 10313-10315
LP: EMI 2C061 12851/173 1613
CD: EMI CMS 769 4282

Paris
10 January
1972-
10 July
1975

LP: EMI 1C183 14021-14023/
    2C167 14021-14023/3C165 14021-14023
CD: EMI CMS 764 8822/CZS 569 0032

hungarian rhapsody no 8

Paris
23 February
1957-
30 May
1958

LP: HMV (France) UVD 3398
LP: HMV (Italy) QALP 10313-10315
LP: EMI 2C061 12852/173 1613
CD: EMI CMS 769 4282

Paris
10 January
1972-
10 July
1975

LP: EMI 1C183 14021-14023/
  2C167 14021-14023/3C165 14021-14023
CD: EMI CMS 764 8822/CZS 569 0032

hungarian rhapsody no 9

Paris
23 February
1957-
30 May
1958

LP: HMV (France) UVD 3398
LP: HMV (Italy) QALP 10313-10315
LP: EMI 2C061 12852/173 1613
CD: EMI CMS 769 4282

Paris
10 January
1972-
10 July
1975

LP: EMI 1C183 14021-14023/
  2C167 14021-14023/3C165 14021-14023
CD: EMI CDC 747 3702/CDC 556 2282/
  CMS 764 8822/CZS 569 0032

hungarian rhapsody no 10

Paris
23 February
1957-
30 May
1958

LP: HMV (France) UVD 3398
LP: HMV (Italy) QALP 10313-10315
LP: EMI 2C061 12852/173 1613
CD: EMI CMS 769 4282

Paris
10 January
1972-
10 July
1975

LP: EMI 1C183 14021-14023/
  2C167 14021-14023/3C165 14021-14023
CD: EMI CMS 764 8822/CZS 569 0032

134 Cziffra

hungarian rhapsody no 11

Paris
23 February
1957-
30 May
1958

LP: HMV (France) UVD 3398
LP: HMV (Italy) QALP 10313-10315
LP: EMI 2C061 12852/173 1613
CD: EMI CMS 769 4282

Paris
10 January
1972-
10 July
1975

LP: EMI 1C183 14021-14023/
    2C167 14021-14023/3C165 14021-14023
CD: EMI CMS 764 8822/CZS 569 0032

hungarian rhapsody no 12

Budapest
21 August
1956

LP: HMV ALP 1446
LP: HMV (France) UVD 3064/
    UVD 3399/FALP 30345-30349
LP: HMV (Italy) QALP 10313-10315/QALP10177
LP: Electrola E 60731/E 90889/WALP 1446
LP: Angel 35429
LP: EMI 2C061 12852/2C053 10772/
    3C053 10772/173 1613
CD: EMI CMS 769 4282
CD: Appian APR 7021

Paris
10 January
1972-
10 July
1975

LP: EMI 1C183 14021-14023/2C069 73010/
    2C167 14021-14023/3C165 14021-14023
CD: EMI CDC 747 3702/CDC 556 2282/
    CMS 764 8822/CZS 569 0032

hungarian rhapsody no 13

Paris
23 February
1957-
30 May
1958

LP: HMV (France) UVD 3399
LP: HMV (Italy) QALP 10313-10315
LP: EMI 2C061 12852/173 1613
CD: EMI CMS 769 4282

Paris
10 January
1972-
10 July
1975

LP: EMI 1C183 14021-14023/
    2C167 14021-14023/3C165 14021-14023
CD: EMI CMS 764 8822/CZS 569 0032
    CDC 556 2282

hungarian rhapsody no 14

Paris
23 February
1957-
30 May
1958

LP: HMV (France) UVD 3399
LP: HMV (Italy) QALP 10313-10315
LP: EMI 173 1613
CD: EMI CMS 769 4282

Paris
10 January
1972-
10 July
1975

LP: EMI 1C183 14021-14023/
 2C167 14021-14023/3C165 14021-14023
CD: EMI CMS 764 8822/CZS 569 0032
 CDC 556 2282

hungarian rhapsody no 15

Budapest
21 August
1956

LP: HMV ALP 1446
LP: HMV (France) UVD 3064/
 UVD 3399/FALP 30345-30349
LP: HMV (Italy) QALP 10313-10315/QALP10177
LP: Electrola E 60731/E 90889/WALP 1446
LP: Angel 35429
LP: EMI 2C053 10772/3C053 10772/173 1613
CD: EMI CMS 769 4282
CD: Appian APR 7021

Paris
10 January
1972-
10 July
1975

LP: EMI 1C183 14021-14023/
 2C167 14021-14023/3C165 14021-14023
CD: EMI CDC 747 3702/CDC 556 2282/
 CMS 764 8822/CZS 569 0032

hungarian rhapsody no 16 , arranged by cziffra

Paris
10 January
1972-
10 July
1975

LP: EMI 1C183 14021-14023/
 2C167 14021-14023/3C165 14021-14023
CD: EMI CDC 747 3702/CMS 764 8822/
 CZS 569 0032
CD: Vai Audio IPA 10662

136 Cziffra

hungarian rhapsody no 19 , arranged by cziffra

Budapest
1954-1956

CD: Hungaroton HCD 31596

Paris
10 January
1972-
10 July
1975

LP: EMI 1C183 14021-14023/
  2C167 14021-14023/3C165 14021-14023
CD: EMI CMS 764 8822/CZS 569 0032

transcendental study no 1

Budapest
15 August
1956

CD: Hungaroton HCD 31569

Paris
26 September
1957-
26 June
1958

LP: HMV ALP 1816
LP: HMV (France) FALP 30278
LP: HMV (Italy) QALP 10260
LP: Angel 3591
LP: EMI 2C061 12853
CD: EMI CDM 769 1112

transcendental study no 2

Budapest
22 June
1956

CD: Hungaroton HCD 31569

Paris
26 September
1957-
26 June
1958

LP: HMV ALP 1816
LP: HMV (France) FALP 30278
LP: HMV (Italy) QALP 10260
LP: Angel 3591
LP: EMI 2C061 12853
CD: EMI CDM 769 1112

transcendental study no 3

Budapest
15 August
1956

CD: Appian APR 7021

Paris
26 September
1957-
26 June
1958

LP: HMV ALP 1816/ALP 1896/ASD 464
LP: HMV (France) FALP 30278/CVPM 135018
LP: HMV (Italy) QALP 10260/QALP 10324
LP: Angel 3591
LP: EMI 2C061 12853/2C053 12022
CD: EMI CDM 769 1112

transcendental study no 4

Paris
26 September
1957-
26 June
1958

LP: HMV ALP 1816
LP: HMV (France) FALP 30278
LP: HMV (Italy) QALP 10260
LP: Angel 3591
LP: EMI 2C061 12853
CD: EMI CDM 769 1112

transcendental study no 5

Budapest
22 October
1954

CD: Appian APR 7021

Budapest
1955

CD: Appian APR 5545

Paris
26 September
1957-
26 June
1958

LP: HMV ALP 1816
LP: HMV (France) FALP 30278
LP: HMV (Italy) QALP 10260
LP: Angel 3591
LP: EMI 2C061 12853
CD: EMI CDM 769 1112

Turin
22 January
1959

CD: Arkadia CDGI 905

138 Cziffra

transcendental study no 6

Budapest
15 August
1956

CD: Appian APR 7021

Paris
26 September
1957-
26 June
1958

LP: HMV ALP 1816
LP: HMV (France) FALP 30278
LP: HMV (Italy) QALP 10260
LP: Angel 3591
LP: EMI 2C061 12854
CD: EMI CDM 769 1112

transcendental study no 7

Budapest
15 August
1956

CD: Appian APR 7021

Paris
26 September
1957-
26 June
1958

LP: HMV ALP 1816
LP: HMV (France) FALP 30278
LP: HMV (Italy) QALP 10260
LP: Angel 3591
LP: EMI 2C061 12854
CD: EMI CDM 769 1112

transcendental study no 8

Budapest
22 June
1956

LP: Hungaroton HLX 90036
CD: Hungaroton HCD 31569

Paris
26 September
1957-
26 June
1958

LP: HMV ALP 1817
LP: HMV (France) FALP 30278
LP: HMV (Italy) QALP 10261
LP: Angel 3591
LP: EMI 2C061 12854
CD: EMI CDM 769 1112

transcendental study no 9

Budapest
15 August
1956

LP: Hungaroton HLX 90036
CD: Hungaroton HCD 31569

Paris
26 September
1957-
26 June
1958

LP: HMV ALP 1817
LP: HMV (France) FALP 30279
LP: HMV (Italy) QALP 10261
LP: Angel 3591
LP: EMI 2C061 12854
CD: EMI CDM 769 1112/CDC 747 5622

transcendental study no 10

Budapest
15 August
1956

CD: Appian APR 7021

Paris
26 September
1957-
26 June
1958

LP: HMV ALP 1817
LP: HMV (France) FALP 30279
LP: HMV (Italy) QALP 10261
LP: Angel 3591
LP: EMI 2C061 12854
CD: EMI CDM 769 1112

Turin
22 January
1959

CD: Arkadia CDGI 905

Lugano
1969

CD: Ermitage ERM 103

Senlis
15 November
1978-
12 April
1981

LP: EMI 2C167 73103-73104
CD: EMI CZS 762 8802
CD: Appian APR 5554

140 Cziffra

transcendental study no 11

Paris
26 September
1957-
26 June
1958

LP: HMV ALP 1817
LP: HMV (France) FALP 30279
LP: HMV (Italy) QALP 10261
LP: Angel 3591
LP: EMI 2C061 12854
CD: EMI CDM 769 1112

transcendental study no 12

Paris
26 September
1957-
26 June
1958

LP: HMV ALP 1817
LP: HMV (France) FALP 30279
LP: HMV (Italy) QALP 10261
LP: Angel 3591
LP: EMI 2C061 12854
CD: EMI CDM 769 1112

waldesrauschen/études de concert

Paris
7 October
1970

LP: EMI 2C061 11302/2C069 14012
CD: EMI CDM 565 2502

gnomenreigen/études de concert

Budapest
20 January
1955

CD: Appian APR 7021

Paris
December
1956-
March
1957

LP: HMV ALP 1534
LP: HMV (France) FALP 30063/
     FALP 30345-30349
LP: HMV (Italy) QALP 10192
LP: Electrola E 90158/WALP 1534
LP: Angel 35528
LP: EMI 2C061 10556/2C069 16318/
     2C061 12856
CD: EMI CZS 767 3662

Lugano
1969

CD: Ermitage ERM 103

Senlis
5 November
1978-
12 April 1981

CD: Appian APR 5554

la leggierezza/études de concert

Paris
1963

LP: Philips AL 3465/SAL 3465/A02316L/
835 191AY/SDAL 504
CD: Philips 434 5472

un sospiro/études de concert

Paris
1963

LP: Philips AL 3465/SAL 3465/A02316L/
835 191AY/SDAL 504
CD: Philips 434 5472

saint francis walking on the water/légendes

Paris
1963

LP: Philips AL 3465/SAL 3465/A02316L/
835 191AY/SDAL 504
CD: Philips 434 5472

Paris
1974

LP: EMI 2C069 16318
CD: EMI CDC 747 5622

liebestraum no 3

Paris
December
1956-
March
1957

45: HMV (Italy) 7ERQ 237/7ERQ 253/7RQ3163
LP: HMV ALP 1803
LP: HMV (France) FALP 30200/FBLP 25030
LP: HMV (Italy) QALP 10274
LP: EMI 2C053 12021/2C061 12856/
2C069 16318
CD: EMI CZS 767 3662

Lugano
1969

CD: Ermitage ERM 103

Senlis
5 November
1978-
12 April
1981

CD: Appian APR 5554

142 Cziffra

polonaise no 2

Paris 1963	LP: Philips AL 3465/SAL 3465/A02316L/ 835 191AY CD: Philips 434 5472
Senlis 1978	LP: EMI 2C167 73103-73104 CD: EMI CZS 762 8802

rapsodie espagnole

Paris
December
1956-
March
1957

LP: HMV ALP 1534
LP: HMV (France) UVD 3399/FALP 30063/ FALP 30345-30349
LP: HMV (Italy) QALP 10192/QALP 10315
LP: Electrola E 90158/WALP 1534
LP: Angel 35528
LP: EMI 2C061 12853
CD: EMI CMS 769 4282/CZS 767 3662

Turin
22 January
1959

CD: Arkadia CDGI 905

la campanella/études d'après paganini

Paris December 1956- March 1957	45: HMV (Italy) 7RQ 3158 LP: HMV (France) FBLP 25030/CVPM 130518 LP: HMV (Italy) QALP 10324 LP: EMI 2C053 12022/2C061 10556/ 2C061 12856 CD: EMI CZS 767 3662
Brussels 1975	CD: EMI CDM 565 2502

la chasse/études d'après paganini

Paris February 1974- January 1975	LP: EMI 2C069 14012 CD: EMI CDC 747 5622/CDM 565 2502

funérailles/harmonies poétiques et réligieuses

Turin 22 January 1959	CD: Arkadia CDGI 905
Lugano 1969	CD: Ermitage ERM 103
Paris 7 October 1970	LP: EMI 2C061 11302 CD: EMI CDM 565 2502

mephisto waltz

Paris December 1956- March 1957	LP: HMV ALP 1534 LP: HMV (France) FALP 30063/ FALP 30345-30349 LP: HMV (Italy) QALP 10192 LP: Electrola E 90158/WALP 1534 LP: Angel 35528 LP: EMI 2C061 12856 CD: EMI CDC 747 5622/CZS 767 3662

144 Cziffra

valse impromptu

Budapest CD: Appian APR 7021
1 April
1955

Paris LP: HMV ALP 1534
December LP: HMV (France) FALP 30063/
1956- FALP 30345-30349
March LP: HMV (Italy) QALP 10192
1957 LP: Electrola E 90158/WALP 1534
 LP: Angel 35528
 LP: EMI 2C061 12856/2C069 16318
 CD: EMI CDC 747 5622/CZS 767 3662

Turin CD: Arkadia CDGI 905
22 January
1959

Lugano CD: Ermitage ERM 143
19 December
1963

valse oubliée no 1

Budapest CD: Appian APR 7021
21 October
1954

Paris LP: HMV ALP 1534
December LP: HMV (France) FALP 30063/
1956- FALP 30345-30349
March LP: HMV (Italy) QALP 10192
1957 LP: Electrola E 90158/WALP 1534
 LP: Angel 35528
 LP: EMI 2C061 12856/2C069 16318
 CD: EMI CDC 747 5622/CZS 767 3662

Turin CD: Arkadia CDGI 905
22 January
1959

années de pèlerinage, année 1

Paris
1972-1976
LP: EMI 2C167 14081-14083
CD: EMI CMS 764 8822

années de pèlerinage, année 2: sposalizio; il penseroso; canzonetta del salvatore rosa; sonetto 47 del petrarca; sonetto 104 del petrarca

Paris
1972-1976
LP: EMI 2C167 14081-14083
CD: EMI CMS 764 8822

années de pèlerinage, année 2: sonetto 123 del petrarca

Paris
1963
LP: Philips AL 3465/SAL 3465/A02316L/
    835 191AY
CD: Philips 434 5472

Paris
1972-1976
LP: EMI 2C167 14081-14083
CD: EMI CMS 764 8822

années de pèlerinage, année 2: après une lecture de dante

Turin
22 January
1959
CD: Arkadia CDGI 905

Paris
30 January
1965
LP: HMV (France) CVB 2130
LP: EMI 2C065 10459/3C063 10459/
    2C167 14081-14083
CD: EMI CMS 764 8822/CZS 767 3662

années de pèlerinage, année 2 supplement: gonoliera; canzone

Paris
1972-1976
LP: EMI 2C167 14081-14083
CD: EMI CMS 764 8822

146 Cziffra

années de pèlerinage, année 2 supplement: tarantelle

Paris
1963

LP: Philips AL 3465/SAL 3465/A02316L/
    835 191AY
CD: Philips 434 5472

Paris
1972-1976

LP: EMI 2C167 14081-14083
CD: EMI CMS 764 8822

années de pèlerinage, année 3: angélus; aux cypres de la villa d'este 1 & 2; sunt lachrymae rerum; marche funèbre; sursum corda

Paris
1972-1976

LP: EMI 2C167 14081-14083
CD: EMI CMS 764 8822

années de pèlerinage, année 3: les jeux d'eau à la ville d'este

Budapest
14 April
1955

CD: Appian APR 7021

Paris
December
1956-
March
1957

LP: HMV ALP 1534
LP: HMV (France) FALP 30063/
    FALP 30345-30349
LP: HMV (Italy) QALP 10192
LP: Electrola E 90158/WALP 1534
LP: Angel 35528
LP: EMI 2C061 12856
CD: EMI CZS 767 3662

Turin
22 January
1959

CD: Arkadia CDGI 905

Paris
1972-1976

LP: EMI 2C167 14081-14083
CD: EMI CDC 747 5622/CMS 764 8822

Senlis
5 November
1978-
12 April
1981

CD: Appian APR 5554

JEAN-BAPTISTE LULLY (1632-1687)

gavotte

Paris December 1956- March 1957	LP: HMV ALP 1691 LP: HMV (France) TRX 6137 LP: Angel 35611
Paris 20 November 1969	LP: EMI 2C061 10556 CD: EMI CDM 565 2552
Paris 16 April 1980- 26 June 1981	LP: EMI 2C069 73080 CD: EMI CDM 565 2532/CZS 767 3662

148 Cziffra

FELIX MENDELSSOHN-BARTHOLDY (1809-1847)

piano concerto no 1

Monte-Carlo	Monte-Carlo	LP: EMI 2C069 16337
23-25	Opera Orchestra	CD: EMI CZS 762 5332
May	Cziffra jun.	
1978		

andante and rondo capriccioso

Tokyo   LP: Toshiba YM 1001
1968   LP: EMI 2C061 10556
                               CD: EMI CZS 767 3662

scherzo from a midsummer night's dream, arranged by rachmaninov

Paris   LP: EMI 2C069 11327
16 January   CD: EMI CDM 565 2552
1971

wedding march from a midsummer night's dream, arranged by liszt

Budapest   CD: Hungaroton HCD 31596
1954-1956

Paris   LP: HMV (France) FALP 30380
15 January   LP: EMI 2C061 12855
1958   CD: EMI CDM 565 2502

dance of the elves from a midsummer night's dream, arranged by liszt

Budapest   CD: Hungaroton HCD 31596
1954-1956

scherzo in b minor

Paris
December
1956-
March
1957

LP: HMV ALP 1896/ASD 464
LP: HMV (France) CVPM 130518
LP: HMV (Italy) QALP 10324
LP: EMI 2C053 12022

spring song/lieder ohne worte

Paris
December
1956-
March
1957

45: HMV (Italy) 7ERQ 253
45: Electrola E 41604
LP: HMV ALP 1803
LP: HMV (France) FALP 30200
LP: HMV (Italy) QALP 10274
LP: Angel 35610
LP: EMI 2C053 12021

the bees' wedding/lieder ohne worte

Paris
December
1956-
March
1957

LP: HMV ALP 1803
LP: HMV (France) FALP 30200
LP: HMV (Italy) QALP 10274
LP: Angel 35610
LP: EMI 2C053 12021

WOLFGANG AMADEUS MOZART (1756-1791)

piano sonata no 8

Paris	LP: HMV ALP 1691
4 January	LP: HMV (France) TRX 6137
1957	LP: Angel 35611
	CD: EMI CDM 565 2542

rondo alla turca/piano sonata no 11

Paris	LP: EMI 2C061 10556
20 November	CD: EMI CDM 565 2552
1969	

SERGEI RACHMANINOV (1873-1943)

piano concerto no 2

London	New Philharmonia	LP: EMI TWO 360/2C069 11327
28-29	Cziffra jun.	CD: EMI CZS 762 5332
October		
1970		

prelude in c sharp minor

Paris	LP: HMV ALP 1896/ASD 464
December	LP: HMV (France) CVPM 130518
1956-	LP: HMV (Italy) QALP 10324
March	LP: EMI 2C053 12022
1957	

JEAN-PHILIPPE RAMEAU (1683-1764)

l'égyptienne

Paris
16 April
1980-
26 June
1981
LP: EMI 2C069 73080
CD: EMI CDM 565 2532

la poule

Paris
16 April
1980-
26 June
1981
LP: EMI 2C069 73080
CD: EMI CDM 565 2532/CZS 767 3662

le rappel des oiseaux

Paris
16 April
1980-
26 June
1981
LP: EMI 2C069 73080
CD: EMI CDM 565 2532/CZS 767 3662

rigaudon/dardanus

Paris 20 November 1969	LP: EMI 2C061 10556 CD: EMI CDM 565 2552
Paris 16 April 1980- 26 June 1981	LP: EMI 2C069 73080 CD: EMI CDM 565 2532

tambourin

Paris December 1956- March 1957	LP: HMV ALP 1896/ASD 464 LP: HMV (France) CVPM 130518 LP: HMV (Italy) QALP 10324 LP: EMI 2C053 12022
Paris 16 April 1980- 26 June 1981	LP: EMI 2C069 73080 CD: EMI CDM 565 2532

MAURICE RAVEL (1875-1937)

jeux d'eau

Paris
9 October
1974

LP: EMI 2C069 14012
CD: EMI CDM 565 2532

Senlis
5 November
1978-
12 April
1981

CD: Appian APR 5554

sonatine

Paris
4-6
December
1968

LP: EMI 2C061 11302
CD: EMI CDM 565 2532

toccata/le tombeau de couperin

Paris
4-6
December
1968

LP: EMI 2C061 11302
CD: EMI CDM 565 2532

NIKOLAI RIMSKY-KORSAKOV (1844-1908)

flight of the bumble bee, arranged by cziffra

Paris
December
1956-
December
1957

LP: HMV ALP 1604
LP: HMV (France) FALP 501
LP: EMI 2C061 12811
CD: EMI CZS 767 3662/CDM 566 1622

GIOACHINO ROSSINI (1792-1868)

la danza, arranged by liszt

Paris	LP: HMV ALP 1896/ASD 464
December	LP: HMV (France) CVPM 130518
1956-	LP: HMV (Italy) QALP 10324
March	LP: EMI 2C053 12022/2C061 12811
1957	

improvisation on themes from Guillaume Tell, arranged by cziffra

Paris	LP: HMV ALP 1604
December	LP: HMV (France) FALP 501
1956-	LP: EMI 2C061 12811
December	CD: EMI CZS 767 3662
1957	

CAMILLE SAINT-SAENS (1835-1921)

étude en forme de valse

Senlis	LP: EMI 2C167 73103-73104
November	CD: EMI CZS 762 8802
1978-	CD: Appian APR 5554
May	
1982	

DOMENICO SCARLATTI (1685-1757)

sonata in d

Paris
20 November
1969

LP: EMI 2C061 10556
CD: EMI CDM 565 2552

sonata in a

Paris
28 December
1956

LP: HMV ALP 1691
LP: HMV (France) TRX 6137
LP: Angel 35611
CD: EMI CDM 565 2552

sonata in c

Paris
28 December
1956

LP: HMV ALP 1691
LP: HMV (France) TRX 6137
LP: Angel 35611
CD: EMI CDM 565 2552/CZS 767 3662

156 Cziffra

FRANZ SCHUBERT (1797-1828)

impromptu d899 no 4

Senlis LP: EMI 2C069 14012/2C167 73103-73104
1978   CD: EMI CZS 762 8802

impromptu d935 no 1

Senlis LP: EMI 2C167 73103-73104
1978   CD: EMI CZS 767 8802

marche militaire

Paris   LP: HMV ALP 1896/ASD 464
December LP: HMV (France) CVPM 130518
1956-   LP: HMV (Italy) QALP 10324
March   LP: EMI 2C053 12022
1957

soirée de vienne no 6, arranged by liszt

Budapest   CD: Appian APR 7021
4 November
1954

ROBERT SCHUMANN (1810-1856)

carnaval

Paris
April
1957

LP: HMV ALP 1840
LP: HMV (France) CVC 2100
LP: EMI 3C063 10439
CD: EMI CZS 767 3662

Lugano
19 December
1963

CD: Ermitage ERM 143

fantasiestücke

Paris
16 December
1956-
4 January
1957

LP: HMV ALP 1713
LP: HMV (France) FALP 516
CD: EMI CZS 767 3662

traumeswirren/fantasiestücke

Budapest
4 November
1954

CD: Appian APR 7021

faschingsschwank aus wien

Paris
6 June-
2 December
1958

LP: HMV ALP 1840
LP: HMV (France) CVC 2100
LP: EMI 3C063 10439
CD: EMI CZS 767 3662

158 Cziffra

novelette no 8

Paris
14 March
1968

LP: HMV (France) CVC 2100
LP: EMI 3C063 10439
CD: EMI CDM 565 2542

symphonic studies

Paris
19 December
1960

LP: HMV (France)
CD: EMI CDM 565 2542

toccata

Paris
19-21
December
1960

LP: HMV (France)
CD: EMI CZS 767 3662

träumerei/kinderszenen

Paris
December
1956-
March
1957

LP: HMV ALP 1803
LP: HMV (France) FALP 30200
LP: HMV (Italy) QALP 10274
LP: EMI 2C051 12021
LP: Angel 35610

JOHANN STRAUSS II (1825-1899)

an der schönen blauen donau, arranged by cziffra

Budapest   CD: Appian APR 5545
1954

Budapest   LP: Hungaroton HLX 90056
29 September   CD: Hungaroton HCD 31569
1956

Paris   LP: HMV ALP 1604
December   LP: HMV (France) FALP 501
1956-   LP: EMI 2C061 12811
December   CD: EMI CZS 767 3662
1957

tritsch tratsch polka, arranged by cziffra

Budapest   LP: Hungaroton HLX 90056
20 January   CD: Hungaroton HCD 31569

Paris   LP: HMV ALP 1604
December   LP: HMV (France) FALP 501
1956-   LP: EMI 2C061 12811
December   CD: EMI CZS 767 3662/CDM 566 1622
1957

paraphrases on die fledermaus and der zigeunerbaron, arranged by cziffra

Budapest   LP: Hungaroton HLX 90056
1956   CD: Hungaroton HCD 31569

PIOTR TCHAIKOVSKY (1840-1893)

piano concerto no 1

Paris 6-12 April 1957	Orchestre National Dervaux	LP: HMV (Italy) QALP 10236 LP: Angel 35612 LP: EMI 2C061 12816 CD: EMI CZS 767 3662
London 28 September 1958- 4 April 1959	Philharmonia Vandernoot	LP: HMV ALP 1718/ASD 315 LP: HMV (France) CVB 1610/ FALP 30345-30349 LP: HMV (Italy) ASDQ 5265 LP: EMI 2C065 10592/CFP 107 CD: EMI CDM 565 2522/CZS 767 8222

polonaise from evgeny onegin, arranged by liszt

Paris
27 December
1956

LP: HMV ALP 1534
LP: HMV (France) 30063/
FALP 30345-30349
LP: HMV (Italy) QALP 10192
LP: Electrola E 90158/WALP 1534
LP: Angel 35528
CD: EMI CZS 767 3662

FRANZ VON VECSEY (1893-1935)

valse triste, arranged by cziffra

Paris
December
1956-
December
1957

LP: HMV ALP 1604
LP: HMV (France) FALP 501
CD: EMI CZS 767 3662/CDM 566 1622

GIUSEPPE VERDI (1813-1901)

rigoletto paraphrase, arranged by liszt

Budapest
1954-1956

CD: Hungaroton HCD 31596

Paris
July
1959

LP: HMV (France) FALP 30380
LP: EMI 2C061 12855
CD: EMI CZS 767 3662

il trovatore paraphrase, arranged by liszt

Budapest
1954-1956

CD: Hungaroton HCD 31596

RICHARD WAGNER (1813-1883)

tannhäuser overture, arranged by liszt

Budapest
1954-1956

CD: Hungaroton HCD 31596

Paris
22 July
1959

LP: HMV (France) FALP 30380
LP: EMI 2C061 12855
CD: EMI CDH 566 1642

CARL MARIA VON WEBER (1786-1826)

konzertstück for piano and orchestra

| Monte-Carlo
23-25
May
1978 | Monte-Carlo
Opera Orchestra
Cziffra jun. | LP: EMI 2C069 16337
CD: EMI CZS 762 5332 |

VINCENT YOUMANS (1898-1946)

tea for two, arranged by cziffra

| Budapest
1954 | | CD: Appian APR 5545 |

Vladimir Horowitz
1903-1989

Royal Festival Hall, 4.00 pm Sunday 1 June 1986

VLADIMIR HOROWITZ
Piano

Domenico Scarlatti – Three Sonatas
Sonata in B minor, Longo 33
Sonata in E major, Longo 23
Sonata in E major, Longo 224

Robert Schumann – Kreisleriana, Op. 16

Alexander Scriabin – Two Etudes
Etude in C-sharp minor, Op.2
Etude in D-sharp minor, Op. 8, No. 12

INTERVAL

Franz Schubert – Impromptu in B-flat, Op. 142, No. 3 (D. 935)
(Theme and Variations)

Schubert-Liszt – No. 6 of Soirees de Vienne, Valses-Caprices d'Apres Franz Schubert

Franz Liszt – "Sonetto del Petrarcha" in E major, No. 104

Frederic Chopin – Two Mazurkas
C-Sharp minor Op. 30, No. 4
F minor Op. 7, No. 3

Frederic Chopin – Polonaise in A-flat major, Op. 53

Personal Direction: Peter Gelb
COLUMBIA ARTISTS MANAGEMENT, INC.

Steinway and Sons   Deutsche Grammophon, CBS Masterworks, RCA Records

JOHANN SEBASTIAN BACH (1685-1750)

ich ruf' zu dir, chorale prelude arranged by busoni

New York   CD: Sony SK 48093/SK 53466/SX13K 53456
12 June
1969

nun komm' der heiden heiland, chorale prelude arranged by busoni

Hollywood   78: Victor M 1284
6 September   45: Victor WDM 1284
1947   LP: Victor LM 1171/VH 020
                            CD: RCA/BMG GD 60461
                            CD: Piano Library PL 239

New York   LP: DG 419 0451
19-28   CD: DG 419 0452/427 2692
April   Also unpublished video recording
1985

nun freut euch liebe christen g'mein, chorale prelude arranged by busoni

London   78: HMV DA 1388
6 May   78: Victor 1690
1934   LP: HMV COLH 300
                            LP: EMI 2C053 01902
                            CD: EMI CHS 763 5382
                            CD: Grammofono AB 78520/AB 78619-78621
                            CD: Sirio SO 5300.26
                            CD: Pearl GEMMCDS 9262
                            CD: Appian APR 5517
                            CD: Magic Talent MT 48005

organ prelude and fugue in d bwv 532, arrangement

Hamburg January- February 1926	LP: Sony Superscope KB14.A068 <u>Unpublished Welte piano roll</u>

toccata adagio and fugue in C bwv 564, arranged by busoni

Hamburg January- February 1926	Welte piano roll 4124 <u>Adagio only</u> <u>CD: Intercord 860.864</u> <u>Adagio and fugue only recorded for</u> <u>this piano roll</u>
New York 9 May 1965	LP: Columbia (USA) M2S 728 LP: CBS BRG 72376-72377/SBRG 72376-72377 CD: Sony M3K 44681/S3K 53461/SX13K 53456

toccata in c minor bwv 911, arrangement

New York 21 March 1949	CD: RCA/BMG 09026 626432

SAMUEL BARBER (1910-1981)

piano sonata

New York
15 May
1950

78: Victor M 1466
45: Victor WDM 1466
LP: Victor LM 1113/LM 7021/LD 7021/
    RB 6555/VH 014
CD: RCA/BMG GD 60377

excursions for piano nos 1, 2 and 4

New York
28 March
1945

CD: Piano Library PL 239
CD: RCA/BMG 09026 626442

LUDWIG VAN BEETHOVEN (1770-1827)

piano concerto no 5 "emperor"

New York 26 April 1952	Victor Orchestra Reiner	45: Victor WDM 1718 LP: Victor LM 1718/RB 16114/VH 009/ VH 400/ARM1-3690 LP: HMV ALP 1280 LP: HMV (France) FALP 240 CD: RCA/BMG GD 87992

piano sonata no 7

New York
29 May-
10 June
1959

LP: Victor LM 2366/LSC 2366/RB 16230/
SB 2102/VH 012
CD: RCA/BMG 09026 609682

piano sonata no 8 "pathétique"

New York
4 November
1963

LP: Columbia (USA) ML 6541/MS 6541
LP: CBS BRG 72180/SBRG 72180/76892
CD: Sony MK 34509/S2K 53457/SX13K 53456

piano sonata no 14 "moonlight"

New York
21-26
November
1946

78: Victor M 1115
45: Victor WDM 1115
LP: Victor LM 1027
LP: HMV BLP 1014
LP: HMV (Italy) QBLP 5010
CD: RCA/BMG 09026 604612

New York
5 June
1956

LP: Victor LM 2009/RB 16010/VH 003
CD: RCA/BMG 09026 603752

New York
20-27
April
1972

LP: Columbia (USA) M 32342
LP: CBS 76892
CD: Sony MK 34509/MK 44797/SK 53467/
SX13K 53456

piano sonata no 21 "waldstein"

New York
10 May-
5 June
1956

LP: Victor LM 2009/RB 16010/VH 003
CD: RCA/BMG 09026 603752

New York
20 December
1972

LP: Columbia (USA) M 31371
CD: Sony SK 53467/SX13K 53456

piano sonata no 23 "appassionata"

New York
14-25
May
1959

LP: Victor LM 2366/LSC 2366/RB 16230/
    SB 2102/VH 012
CD: RCA/BMG 09026 603752

New York
25-30
October
1972

LP: Columbia (USA) M 31371
LP: CBS 76892
CD: Sony SK 53467/SX13K 53456

piano sonata no 28

New York
22 October-
26 November
1967

CD: Sony MK 45572/SK 53466/SX13K 53456

32 variations in c minor

London
6 May
1934

78: HMV DA 1387-1388
78: HMV (Australia) EC 82-83
78: Victor 1689-1690
LP: HMV COLH 300
LP: EMI 2C053 01902
CD: EMI CHS 763 5382
CD: Grammofono AB 78520/AB 78619-78620
CD: Sirio SO 5300.026
CD: Pearl GEMMCDS 9262
CD: Appian APR 5517
CD: Magic Talent MT 48005

JOHANNES BRAHMS (1833-1897)

piano concerto no 1

New York 17 March 1935	NYPSO Toscanini	LP: Toscanini Society ATS 112-113 CD: Radio Years RY 54 Excerpt CD: Stradivarius STR 10037
Amsterdam 20 February 1936	Concertgebouw Orchestra Walter	LP: Discocorp IGI CD: As-Disc AS 400 CD: Music and Arts CD 810 CD: Radio Years RY 54/Legend LGD 105 Section of first movement missing and replaced in some editions by corresponding section from the Toscanini version above

piano concerto no 2

New York 6 May 1940	NBC SO Toscanini	LP: Melodram MEL 229
New York 9 May 1940	NBC SO Toscanini	78: Victor M 740 78: HMV DB 5861-5866/DB 8884-8889 auto 45: Victor WCT 38 LP: Victor LCT 1025/AT 103/AT 1041/ VH 019/VH 400 LP: HMV (Australia) QJLP 102 CD: RCA/BMG GD 60319/GD 60523
New York 23 October 1948	NBC SO Toscanini	CD: Classical Society CSCD 103 CD: Hunt CDMP 454 CD: Stradivarius STR 13595 CD: Bellaphon 689.24002 Bellaphon incorrectly dated 1941

intermezzo in b flat minor op 117 no 2

New York 23 April 1951	LP: Victor LM 1957/RB 16019/ VH 017/ARM1-2873 CD: RCA/BMG GD 60523

waltz in a flat

New York 10 October 1950	78: Victor 10-3424 45: Victor 49-3424 45: HMV (France) 7RF 232 LP: Victor VH 017/ARM1-2873 CD: RCA/BMG GD 60463

violin sonata no 3

New York 22-29 June 1950	Milstein	45: Victor WDM 1551 LP: Victor LM 106/VH 017/ARM1-2718 LP: HMV BLP 1026 LP: HMV (Italy) QBLP 1026 CD: RCA/BMG GD 60461

FREDERIC CHOPIN (1810-1849)

andante spianato and grande polonaise

New York
22 September-
6 October
1945

78: Victor M 1034
45: Victor WDM 1034
LP: Victor LM 1137/LM 7021/LD 7021/
    RB 6554/VH 008
LP: HMV BLP 1079
CD: RCA/BMG GD 87752

ballade no 1

New York
19 May
1947

78: Victor M 1165/V 29
78: HMV DB 6688
45: Victor WDM 1165
45: HMV (France) 7RF 152
LP: Victor LM 1235/VH 011
LP: HMV ALP 1089
CD: RCA/BMG GD 60376

New York
9 May
1965

LP: Columbia (USA) M2S 728
LP: CBS BRG 72376-72377/SBRG 72376-72377
CD: Sony M3K 44681/S3K 53461/SX13K 53456

New York
2 January-
1 February
1968

LP: Columbia (USA) ML 7106/MS 7106
LP: CBS BRG 72377/SBRG 72377/79340
CD: Sony MK 42306/MK 45829/M3K 44681/
    SK 53465/SX13K 53456

Toronto
9 May
1976

CD: Music and Arts CD 666

London
22 May
1982

LP: RCA RL 14572
CD: RCA/BMG GD 87752/09026 614162

Milan
24 November
1985

CD: Exclusive EX 92T 39-40

ballade no 3

New York
11 May
1949

45: Victor WDM 1707
LP: Victor LM 1707/VH 018
LP: HMV ALP 1111
CD: RCA/BMG 09026 609862

ballade no 4

New York
28 December
1949

78: HMV DB 21503
45: Victor WDM 1707
LP: Victor LM 1707/VH 008
LP: HMV ALP 1111

New York
8 May
1952

CD: RCA/BMG 09026 609872

New York
25 October-
1 November
1981

LP: RCA RL 14260
CD: RCA/BMG 09026 614162/GD 87752

barcarolle in f sharp minor

New York
23 February
1957

LP: Victor LM 2137/RB 16064/VH 008
CD: RCA/BMG GD 60463

New York
26 November
1967

CD: Stradivarius STR 10038

Boston
13 April-
New York
4 May
1980

LP: RCA RL 14322
CD: RCA/BMG GD 87752

etude in e op 10 no 3

New York
29 April
1951

45: Victor WDM 1707
LP: Victor LM 1707/VH 002
LP: HMV ALP 1111
CD: RCA/BMG GD 60376

New York
6 July
1972

LP: Columbia (USA) MS 6541/M 32932
LP: CBS 72180/76307/79340
CD: Sony MK 42305/MK 42306/S2K 53468/SX13K 53456

etude in c sharp minor op 10 no 4

London
2 June
1935

78: HMV DB 2788
78: Victor 14140
LP: HMV COLH 300
LP: EMI 2C053 01902
CD: EMI CHS 763 5382
CD: Grammofono AB 78619-78621
CD: Pearl GEMMCDS 9262
CD: Appian APR 5516
CD: Magic Talent MT 48014

New York
5 January
1952

LP: Victor VH 002
CD: RCA/BMG GD 60376

New York
8-15
February
1973

LP: Columbia (USA) M 32932
LP: CBS 76307/79340
CD: Sony MK 42306/S2K 53468/SX13K 53456

étude in g flat op 10 no 5

Hamburg
January-
February
1926

CD: Intercord 860.864
CD: Condon 690.07009
Unpublished Welte piano roll

London
12 May
1934

78: HMV DB 2238
This issue was subsequently withdrawn

London
2 June
1935

78: HMV DB 2788
78: Victor 14140
LP: HMV COLH 300
LP: EMI 2C053 01902
CD: EMI CHS 763 5382
CD: Grammofono AB 78619-78621
CD: Pearl GEMMCDS 9262
CD: Appian APR 5516
CD: Magic Talent MT 48014

New York
14 April
1971

LP: Columbia (USA) M 30463
LP: CBS 72969/79340
CD: Sony MK 42305/MK 42306/S2K 53468/
SX13K 53456

New York
4 May
1980

LP: RCA RL 14260
CD: RCA/BMG GD 87752

étude in e flat minor op 10 no 6

New York
June-
September
1928

Duo Art piano roll 72874
CD: Condon 690.07009

New York
17 June-
4 November
1963

CD: Sony SK 48093/S2K 53468/SX13K 53456

176 Horowitz

étude in f op 10 no 8

Hamburg
January-
February
1926

CD: Intercord 860.864
CD: Condon 690.07009
Unpublished Welte piano roll

London
15 November
1932

78: HMV DA 1305
LP: HMV COLH 300
LP: EMI 2C053 01902
CD: EMI CHS 763 5382
CD: Grammofono AB 78619-78621
CD: Pearl GEMMCDS 9262
CD: Appian APR 5516/Magic Talent MT 48014

New York
9 May
1965

CD: Sony MK 45829/M3K 44681/S3K 53461/
SX13K 53456

étude in c minor op 10 no 12

New York
4 November
1963

LP: Columbia (USA) ML 6541/MS 6541
LP: CBS BRG 72180/SBRG 72180
CD: Sony MK 42305/MK 42306/S2K 53457/
SX13K 53456

New York
6 July
1972

LP: Columbia (USA) M 32932
LP: CBS 76307/79340
CD: Sony S2K 53468/SX13K 53456

étude in a flat op 25 no 1

New York
25 October-
1 November
1989

CD: Sony SK 45818

étude in f op 25 no 3

London
12 May
1934

78: HMV DB 2238
LP: EMI 2C053 01902
CD: EMI CHS 763 5382
CD: Grammofono AB 78619-78621
CD: Pearl GEMMCDS 9262
CD: Appian APR 5516/Magic Talent MT 48014
DB 2238 was subsequently withdrawn

étude in e minor op 25 no 5

New York
25 October-
1 November
1989

CD: Sony SK 45818

étude in c sharp minor op 25 no 7

New York
14 November
1963

LP: Columbia (USA) ML 6541/MS 6541
LP: CBS BRG 72180/SBRG 72180
CD: Sony MK 42412/S2K 53457/SX13K 53456

Boston
13 April
1980

LP: RCA RL 14260
CD: RCA/BMG GD 87752

étude in c minor op 25 no 12

New York
June-
September
1928

Duo Art piano roll 72874

étude in a flat/3 nouvelles études

New York
7 April
1965

CD: Sony SK 48093/S2K 53468/SX13K 53456

fantaise-impromptu in c sharp minor

New York
20 October-
1 November
1989

CD: Sony SK 45818

fantasy in f minor

New York
2 February
1948

CD: RCA/BMG 09026 626432

178 Horowitz

impromptu in a flat

London
11 October
1951

78: HMV DB 21425
45: HMV (Italy) 7RQ 255
45: Victor WDM 1707
LP: HMV ALP 1111
LP: Victor LM 1707/VH 002
CD: EMI CHS 763 5382
CD: RCA/BMG GD 60376

introduction and rondo in e flat

New York
14 April
1971

LP: Columbia (USA) M 30463
LP: CBS 72969/79340
CD: Sony S2K 53468/SX13K 53456

New York
1974

VHS Video: Sony SHV 53478

mazurka in f minor op 7 no 3

London
15 November
1932

78: HMV DA 1305
78: Victor 1654
LP: HMV COLH 300
LP: EMI 2C053 01902
CD: EMI CHS 763 5382
CD: Grammofono AB 78619-78621
CD: Pearl GEMMCDS 9262
CD: Appian APR 5516/Magic Talent MT 48014

New York
22 December
1947

78: Victor 12-0427
78: HMV DB 6593
45: Victor 49-0458
45: HMV (Italy) 7RQ 255
CD: RCA/BMG 09026 609872

Chicago
12 May
1968

LP: Columbia (USA) M 32932
LP: CBS 76307/79340
CD: Sony MK 42306/S2K 53468/SX13K 53456

Milan
17 November
1985

CD: Exclusive EX92T 39-40

Milan
24 November
1985

CD: Exclusive EX92T 39-40

Moscow
20 April
1986

LP: DG 419 4991
CD: DG 419 4992/427 2692
VHS Video: Sony SHV 64545

mazurka in a minor op 17 no 4

New York
14 April
1971

LP: Columbia (USA) M 30643
LP: CBS 72969/79340
CD: Sony MK 42306/S2K 53468/SX13K 53456

New York
21-28
April
1985

LP: DG 419 0451
CD: DG 419 0452/427 2692
Also unpublished video recording

mazurka in b flat minor op 24 no 4

New York
5 March
1951

LP: Victor LM 1957/RB 16019/VH 018
CD: RCA/BMG 09026 604632

mazurka in f sharp minor op 30 no 2

New York
24 April
1950

CD: RCA/BMG 09026 626432

mazurka in d flat op 30 no 3

New York
28 December
1949

78: Victor M 1446
78: HMV DB 21561
45: Victor WDM 1446/WEPR 31
45: HMV 7ER 5006
45: HMV (France) 7RF 242
45: HMV (Italy) 7ERQ 104/7RQ 242
LP: Victor LM 1109/LVT 1032
LP: HMV ALP 1069
LP: HMV (France) FALP 113
CD: RCA/BMG 09026 609862

New York
8-15
February
1973

LP: Columbia (USA) M 32932
LP: CBS 76307/79340
CD: Sony MK 42306/S2K 53468/SX13K 53456

mazurka in c sharp minor op 30 no 4

Hamburg
January-
February
1926

CD: Intercord 860.864
Unpublished Welte piano roll

Camden NJ
26 March
1928

78: Victor 1327
78: HMV DA 982
LP: Victor LM 2993/VH 001
CD: Pearl GEMMCDS 9262
CD: Appian APR 7014
CD: RCA/BMG 09026 604632

New York
28 December
1949

78: Victor M 1446
78: HMV DB 21561
45: Victor WDM 1446/WEPR 31
45: HMV 7ER 5006
45: HMV (France) 7RF 242
45: HMV (Italy) 7ERQ 104/7RQ 242
LP: Victor LM 1109/LVT 1932/
RB 6767/VH 011
LP: HMV ALP 1069
LP: HMV (France) FALP 113
CD: RCA/BMG GD 60376

New York
9 May
1965

LP: Columbia (USA) M2S 728
LP: CBS BRG 72376-72377/SBRG 72376-72377
CD: Sony MK 45829/M3K 44681/S3K 53461/
SX13K 53456

Moscow
20 April
1986

LP: DG 419 4991
CD: DG 419 4992/427 2692
VHS Video: Sony SHV 64545

mazurka in d op 33 no 2

New York
8-15
February
1973

LP: Columbia (USA) M 32932
LP: CBS 76307/79340
CD: Sony MK 42306/S2K 53468/SX13K 53456

mazurka in b minor op 33 no 4

New York
17 April
1966

CD: Sony MK 42412/MK 45829/M3K 44681/
    S3K 53461/SX13K 53456

Vienna
31 May
1987

VHS Video: DG 072 2213
Laserdisc: DG 072 2211

mazurka in c sharp minor op 41 no 1

New York
11 May
1949

78: Victor M 1446
45: Victor WDM 1446/WEPR 31
45: HMV (France) 7RF 241
LP: Victor LM 1109/LVT 1032
LP: HMV ALP 1069
LP: HMV (France) FALP 113
CD: RCA/BMG 09026 609872

mazurka in e minor op 41 no 2

London
29 May
1933

78: HMV DA 1353
78: Victor 1654
LP: HMV COLH 300
LP: EMI 2C053 01902
CD: EMI CHS 763 5382
CD: Grammofono AB 78619-78621
CD: Pearl GEMMCDS 9262
CD: Appian APR 5516/Magic Talent MT 48014

New York
15 February
1973

LP: Columbia (USA) M 32932
LP: CBS 76307/79340
CD: Sony MK 42306/S2K 53468/SX13K 53456

mazurka in c sharp minor op 50 no 3

London 2 June 1935	78: HMV DB 2788 78: Victor 14140 LP: HMV COLH 300 LP: EMI 2C053 01902/SHZE 144 CD: EMI CHS 763 5382 CD: Grammofono AB 78619-78621 CD: Pearl GEMMCDS 9262 CD: Appian APR 5516/Magic Talent MT 48014
New York 30 December 1949	78: Victor M 1446 45: Victor WDM 1446/WEPR 31 45: HMV (Italy) 7RQ 243 LP: Victor LM 1109/LVT 1032 LP: HMV ALP 1069 LP: HMV (France) FALP 113 CD: RCA/BMG 09026 609872
New York 8-15 February 1973	LP: Columbia (USA) M 32932 LP: CBS 76307/79340 CD: Sony MK 42412/S2K 53468/SX13K 53456

mazurka in c minor op 56 no 3

New York 24 October- 1 November 1989	CD: Sony SK 45818

mazurka in f sharp minor op 59 no 3

New York 10 May 1950	78: Victor M 1446 78: HMV DB 21590 45: Victor WDM 1446/WEPR 31 45: HMV 7ER 5006 45: HMV (France) 7RF 241 45: HMV (Italy) 7ERQ 104 LP: Victor LM 1109/LVT 1032 LP: HMV ALP 1069 LP: HMV (France) FALP 113 CD: RCA/BMG 09026 609872
New York 15 February 1973	LP: Columbia (USA) M 32932 LP: CBS 76307/79340 CD: Sony MK 42306/S2K 53468/SX13K 53456

mazurka in f minor op 63 no 2

Hamburg
January-
February
1926

Welte piano roll 4126

New York
30 December
1949

78: Victor M 1446
78: HMV DB 21590
45: Victor WDM 1446/WEPR 31
45: HMV 7ER 5006
45: HMV (Italy) 7ERQ 104/7RQ 243
LP: Victor LM 1109/LVT 1032
LP: HMV ALP 1069
LP: HMV (France) FALP 113
CD: RCA/BMG 09026 609872

mazurka in c sharp minor op 63 no 3

Hamburg
January-
February
1926

CD: Intercord 860.864
Unpublished Welte piano roll

New York
30 December
1949

78: Victor M 1446
78: HMV DB 21590
45: Victor WDM 1446/WEPR 31
45: HMV 7ER 5006
45: HMV (Italy) 7ERQ 104/7RQ 243
LP: Victor LM 1109/LVT 1032
LP: HMV ALP 1069
LP: HMV (France) FALP 113
CD: RCA/BMG 09026 609872

Milan
17 November
1985

CD: Exclusive EX92T 39-40

Milan
24 November
1985

CD: Exclusive EX92T 39-40

nocturne in e flat op 9 no 2

New York
14 May
1957

LP: Victor LM 2137/RB 16064/VH 002
CD: RCA/BMG GD 60376

nocturne in b op 9 no 3

New York
23 February
1957

LP: Victor LM 2137/RB 16064/VH 018
CD: RCA/BMG 09026 609872

nocturne in f op 15 no 1

New York
23 February
1957

LP: Victor LM 2137/VH 018
CD: RCA/BMG 09026 609872

nocturne in f sharp op 15 no 2

New York
19 May
1947

78: Victor M 1165/V 29
78: HMV DB 6627
45: Victor WDM 1165/49-0488
45: HMV (France) 7RF 153
LP: Victor LM 1235/VH 011
LP: HMV ALP 1087
CD: RCA/BMG 09026 604632

nocturne in c sharp minor op 27 no 1

New York
23 February
1957

LP: Victor LM 2137/VH 011
CD: RCA/BMG 09026 609862

nocturne in f minor op 55 no 1

New York
28 April
1951

45: Victor WDM 1707
LP: Victor LM 1707/VH 002
LP: HMV ALP 1111/BLP 1079
CD: RCA/BMG GD 60376

New York
2 January-
1 February
1968

CD: Sony MK 42306/M3K 44681/S2K 53465/
SX13K 53456

nocturne in e flat op 55 no 2

New York　　　　　　　　　　　　CD: Sony SK 45818
20 October-
1 November
1989

nocturne in b op 62 no 1

New York　　　　　　　　　　　　CD: Sony SK 45818
25 October-
1 November
1989

nocturne in e minor op 72 no 1

London　　　　　　　　　　　　　78: HMV DB 21425
11 October　　　　　　　　　　　CD: EMI CHS 763 5382
1951

New York　　　　　　　　　　　　CD: RCA/BMG 09026 609862
5 January
1952

New York　　　　　　　　　　　　LP: Victor VH 018
25 February　　　　　　　　　　　CD: RCA/BMG 09026 609872
1953

New York　　　　　　　　　　　　LP: Columbia (USA)
17 April　　　　　　　　　　　　LP: CBS 72794
1966　　　　　　　　　　　　　　CD: Sony MK 42412/M3K 44681/S3K 53461/
　　　　　　　　　　　　　　　　　SX13K 53456

This Nocturne may also have been recorded by HMV on 29 May 1933 and remained unpublished

polonaise in c sharp minor op 26 no 1

New York　　　　　　　　　　　　CD: RCA/BMG 09026 626432
24 April
1950

polonaise in a op 40 no 1

New York　　　　　　　　　　　　LP: Columbia (USA) M 32932
6 July　　　　　　　　　　　　　LP: CBS 76307/79340
1972　　　　　　　　　　　　　　CD: Sony MK 42306/S2K 53468/SX13K 53456

polonaise in f sharp minor op 44

New York
2 January–
1 February
1968

LP: Columbia (USA)
LP: CBS 72720/79340
CD: Sony MK 42412/M3K 44681/SK 53465/
SX13K 53456

polonaise in a flat op 53

New York
6 October
1945

78: Victor M 1034/11-9065
78: HMV DB 10131
45: Victor WDM 1034
45: HMV (France) 7RF 134
45: HMV (Italy) 7RQ 134
LP: Victor LM 1137/VH 011
CD: RCA/BMG GD 77552

New York
4 May
1971

LP: Columbia (USA) M 30463
LP: CBS 72969/79340
CD: Sony MK 42305/MK 42306/S2K 53468/
SX13K 53456

New York
19-30
April
1985

LP: DG 419 0451
CD: DG 419 0452/427 2692
Also unpublished video recording

Milan
17 November
1985

CD: Exclusive EX92T 39-40

Milan
24 November
1985

CD: Exclusive EX92T 39-40

Moscow
18 April
1986

VHS Video: Sony SHV 64545

Vienna
31 May
1987

VHS Video: DG 072 2213
Laserdisc: DG 072 2211

polonaise-fantaisie in a flat

New York
23 April
1951

LP: Victor LM 1957/RB 16019/VH 008
CD: RCA/BMG 09026 609872/GD 87752

New York
17 April
1966

LP: Columbia (USA) M 30643
LP: CBS 72969/79340
CD: Sony MK 42412/S3K 53461/SX13K 53456

London
22 May
1982

LP: RCA RL 14572
CD: RCA/BMG 09026 614142

prélude no 6

New York
27 April-
6 July
1972

LP: Columbia (USA) M 32932
LP: CBS 76307/79340
CD: Sony MK 42306/S2K 53468/SX13K 53456

prélude no 15

New York
14 April-
4 May
1971

CD: Sony SK 48093/S2K 53468/SX13K 53456

188 Horowitz

scherzo no 1

New York 29 April 1951	45: Victor WDM 1707 LP: Victor LM 1707/VH 011/ARM1-2873 LP: HMV ALP 1111/BLP 1079 CD: RCA/BMG GD 60376
New York 25 February 1953	CD: RCA/BMG 09026 609872
New York 14 November 1963	LP: Columbia (USA) ML 6541/MS 6541 LP: CBS BRG 72180/SBRG 72180 CD: Sony MK 42306/S2K 53457/SX13K 53456
Boston 26 October 1969	CD: Stradivarius STR 10038
New York 21-30 April 1985	LP: DG 419 0451 CD: DG 419 0452/427 2692 Also unpublished video recording

scherzo no 2

New York   LP: Victor LM 2137/RB 16064/VH 018
15 January   CD: RCA/BMG 09026 609872
1957

scherzo no 3

New York   LP: Victor LM 2137/RB 16064/VH 018
23 February   CD: RCA/BMG 09026 604632
1957

scherzo no 4

London   78: HMV DB 3205
9 March   78: Victor 14634
1936   LP: HMV COLH 300
                        LP: EMI 2C053 01902
                        CD: EMI CHS 763 5382
                        CD: Pearl GEMMCDS 9262
                        CD: Appian APR 5516
                        CD: Magic Talent MT 48014

piano sonata no 2. "funeral march"

London 4 June 1935- 9 March 1936	HMV unpublished <u>First movement</u> CD: Appian APR 7014/APR 5516 <u>Only this movement, recorded on 9 March</u> <u>1936, was approved by Horowitz</u>
New York 13 May 1950	78: Victor M 1472 78: HMV DB 21312-21314 45: Victor WDM 1472 LP: Victor LM 1113/LM 1235/VH 002 LP: HMV ALP 1087 LP: HMV (France) FALP 195 LP: HMV (Italy) QALP 195 CD: RCA/BMG GD 60376/Magic Talent MT 48014
New York 18 April- 14 May 1962	LP: Columbia (USA) K 6371/KS 6371 LP: CBS BRG 72067/SBRG 72067/79340 CD: Sony MK 42412/MK 44797/S2K 53457/ SX13K 53456

valse in a minor op 34 no 2

New York 23 September 1945	78: Victor M 1034 45: Victor WDM 1034/ERA 59 45: HMV (France) 7RF 231 LP: Victor VH 011 CD: RCA/BMG 09026 609872
New York 25 February 1953	CD: RCA/BMG 09026 609862
New York 4 May 1971	LP: Columbia (USA) M 30463 LP: CBS 72969/79340 CD: Sony MK 42306/S2K 53468/SX13K 53456
Toronto 9 May 1976	CD: Music and Arts CD 666

valse in c sharp minor op 64 no 2

New York
27 November
1946

78: Victor 11-9519
78: HMV DB 21425
45: Victor ERA 59/49-0133
45: HMV (France) 7RF 231
LP: Victor LM 1137/RB 6767/VH 001/VH 011
CD: RCA/BMG 09026 609862

Boston
7 April
1968

LP: Columbia (USA) M 32932
LP: CBS 76307/79340
CD: Sony MK 42306/S2K 53468/SX13K 53456

valse in a flat op 69 no 1

New York
25 October-
1 November
1981

LP: RCA RL 14260
CD: RCA/BMG GD 87752/09026 614162

London
22 May
1982

VHS Video: Sony SHV 53478

MUZIO CLEMENTI (1752-1832)

sonatas in f minor and f sharp minor

New York
21 October
1954

LP: Victor LM 1902/VH 007/ARM1-3689
LP: HMV ALP 1340
CD: RCA/BMG GD 87753

sonata in g minor

New York
16-21
October
1954

LP: Victor LM 1902/VH 007
LP: HMV ALP 1340
CD: RCA/BMG GD 87753

sonata in c

Chicago
7-15
April and
Washington
22 April
1979

LP: Victor RL 14260
CD: RCA/BMG GD 87753

sonata in g

New York   VHS Video: Sony SHV 53478
1974   <u>First and third movements only</u>

sonata in b flat

New York   CD: RCA/BMG 09026 626432
20 March
1950

sonatina in c; presto from sonata in g minor

New York   CD: RCA/BMG 09026 626432
17 January
1949

sonatina in c

Toronto
4 November
1979

CD: Music and Arts CD 666

rondo from sonata in b flat

New York
16-23 September
1963

CD: Sony SK 48093/SK 53466/SX13K 53456

adagio from sonata in a

New York
4 June
1963

LP: Columbia (USA) K 6371/KS 6371
LP: CBS BRG 72067/SBRG 72067
CD: Sont SK 48093/SK 53466/SX13K 53456

rondo from sonata in b flat

New York
17 May
1950

45: HMV (Italy) 7RQ 256
LP: Victor LM 7021/LD 7021/RB 6554/VH 013
CD: RCA/BMG GD 87753

rondo and adagio

New York
20 April
1972

CD: Sony SK 48093/SK 53466/SX13K 53456

CARL CZERNY (1791-1857)

variations on rode's la ricordanza

New York
23 December
1944

78: Victor M 1001
78: HMV DB 6274
LP: Victor LM 7021/LD 7021/RB 6554/VH 013
CD: RCA/BMG GD 60451
CD: Piano Library PL 257

ERNO DOHNANYI (1877-1960)

concert étude in f minor

Camden NJ
4 December
1928

78: Victor 1455
LP: Victor LM 2993/RB 6767/VH 001
CD: Appian APR 7014
CD: RCA/BMG 09026 609862

CLAUDE DEBUSSY (1862-1918)

pour les cinq doigts/études

New York   CD: RCA/BMG 09026 626442
17 January
1949

pour les sixtes/études

New York   CD: RCA/BMG 09026 626442
17 January
1949

pour les huits doigts/études

New York   CD: RCA/BMG 09026 626442
17 January
1949

pour les arpèges composés/études

London   78: HMV DB 2247
6 May   78: Victor 8996
1934   LP: HMV COLH 300
                              LP: EMI 2C053 01902
                              CD: EMI CHS 763 5382
                              CD: Sirio SO 53.0026
                              CD: Grammofono AB 78520/AB 78619-78621
                              CD: Pearl GEMMCDS 9262
                              CD: Appian APR 5517/Magic Talent MT 48005

New York   CD: Sony SK 53471/SX13K 53471
7 January
1965

l'isle joyeuse

New York   CD: Sony MK 42305/MK 45829/M3K 44681/
27 November   S2K 53461/SX13K 53456
1966

les fées sont d'exquises danseuses/préludes book 2

New York
4 November
1963

LP: Columbia (USA) ML 6541/MS 6541
LP: CBS BRG 72180/SBRG 72180
CD: Sony S2K 53457/SX13K 53456

bruyères/préludes book 2

New York
4 November
1963

LP: Columbia (USA) ML 6541/MS 6541
LP: CBS BRG 72180/SBRG 72180
CD: Sony S2K 53457/SX13K 53456

général lavine eccentric/préludes book 2

New York
4 November
1963

LP: Columbia (USA) ML 6541/MS 6541
LP: CBD BRG 72180/SBRG 72180
CD: Sony S2K 53457/SX13K 53456

les terrasses des audiences/préludes book 2

New York
10 December
1966

Cd: Sony SK 53471/SX13K 53456

serenade for a doll/childrens' corner

Camden NJ
26 March
1928

78: Victor 1353
78: HMV DA 1160
LP: Victor LM 2993/RB 6767/VH 001
CD: Pearl GEMMCDS 9262
CD: RCA/BMG 09026 605262

Copenhagen
5 October
1933

LP: Danacord DACO 103
CD: Danacord DACOCD 303

New York
16-19
May
1947

78: Victor 12-0428
78: HMV DB 6971
45: Victor WDM 1605/49-1042
CD: RCA/BMG GD 87755

New York
25 February
1953

LP: Victor LM 1171/VH 020
CD: RCA/BMG 09026 604632

New York
9 May
1965

LP: Columbia (USA) ML 7106/MS 7106
LP: CBS BRG 72377/SBRG 72377
CD: Sony MK 42305/M3K 44681/S3K 53461/
    SX13K 53456

GABRIEL FAURE (1845-1924)

impromptu in f sharp minor op 102

New York 9 September 1955	LP: RCA RL 12459/ARL1-2548 CD: RCA/BMG GD 60463

nocturne in b minor op 119

New York 9 September 1977	LP: RCA RL 12548/ARL1-2548 CD: RCA/BMG GD 60377

FRANZ JOSEF HAYDN (1732-1809)

piano sonata no 23

New York
27 November
1966

LP: Columbia (USA) M2S 757
LP: CBS   +
CD: Sony M3K 44681/S3K 53461/SX13K 53456

piano sonata no 48

Philadelphia
1 December
1968

CD: Sony MK 45572/SK 53466/SX13K 53456

piano sonata no 49

New York
20-31
October
1989

CD: Sony SK 45818

piano sonata no 52

London
11 November
1932

78: HMV DB 1837-1838
78: Victor 8489-8490
CD: EMI CHS 763 5382
CD: Sirio SO 53.0026
CD: Grammofono AB 78520/AB 78619-78621
CD: Pearl GEMMCDS 9262
CD: Appian APR 5517/Magic Talent MT 48005

New York
23 April
1951

LP: Victor LM 1957/RB 16019/VH 010
CD: RCA/BMG 09026 604612

VLADIMIR HOROWITZ (1904-1989)

carmen variations

Hamburg January- February 1926	Welte piano roll 4120 CD: Condon 690.07009
Camden NJ 28 April 1928	78: Victor 1327 78: HMV DA 982 LP: Victor LM 2993 CD: Pearl GEMMCDS 9262 CD: RCA/BMG GD 60526 CD: Appian APR 7014
New York June- September 1928	Duo Art piano roll CD: Fonè 90F 12
New York 22 December 1947	45: Victor 49-0458 LP: Victor LM 1171/RB 16207/VH 020 CD: RCA/BMG GD 87752
New York 26 November 1967	CD: Music and Arts CD 666
New York 2 January- 1 February 1968	LP: Columbia (USA) LP: CBS 72720 CD: Sony MK 42305/MK 44797/MK 45829/ M3K 44681/SK 53465/SX13K 53456

danse excentrique, sometimes known as moment exotique

Hamburg
January-
February
1926

Welte piano roll
CD: Intercord 860.864
CD: Condon 690.07009

New York
4 March
1930

LP: Victor LM 2993/RB 6767/VH 001
CD: Pearl GEMMCDS 9262
CD: RCA/BMG GD 60526
CD: Appian APR 7014

waltz in f minor

New York
June-
September
1928

Duo Art piano roll
CD: Fonè 90F 12
CD: Condon 690.07009

DMITRY KABALEVSKY (1904-1987)

piano sonata no 2

New York
3 February
1947

CD: Piano Library PL 239
CD: RCA/BMG 09026 626442

piano sonata no 3

New York
22 December
1947

78: Victor M 1282
45: Victor WDM 1282
LP: Victor LM 1016/RB 6767/VH 001
CD: RCA/BMG GD 60377

eight preludes from op 38: nos. 1, 3, 8, 10, 16, 17, 22 and 24

New York
28 April
1947

CD: Piano Library PL 239
CD: RCA/BMG 09026 626442

FRANZ LISZT (1811-1886)

Au bord d'une source/années de pèlerinage: suisse

New York 19 May 1947	78: Victor M 1165/V 29 78: HMV DB 6627 45: Victor WDM 1165/49-0488 45: HMV (France) 7RF 153 LP: Victor LM 1235/LM 2584/VH 006 LP: HMV ALP 1087 CD: RCA/BMG 09026 605232/GD 60523
Toronto 9 May 1976	CD: Music and Arts CD 666

vallée d'obermann/années de pèlerinage: suisse

New York 27 November 1966	LP: Columbia (USA) LP: CBS 72794 CD: Sony MK 45829/M3K 44681/S3K 53461/ 　　SX13K 53456

sonetto 104 del petrarca/années de pèlerinage: italie

New York 28 April 1951	45: Victor WDM 1534 45: HMV (France) 7RF 174 LP: Victor LM 100/LM 2584/VH 006 LP: HMV BLP 1048 LP: HMV (Italy) QBLP 1033 CD: RCA/BMG 09026 605232/GD 60523
Milan 24 November 1985	CD: Exclusive EX92T 39-40
Moscow 20 April 1986	LP: DG 419 4991 CD: DG 419 4992/427 2692 VHS Video: Sony SHV 64545

204   Horowitz

ballade no 2

New York   LP: RCA RL 14260
25 October-   CD: RCA/BMG 09026 614152/09026 614162
1 November
1981

consolation no 2

New York   CD: Sony SK 48093/SK 53471/SX13K 53456
9 May
1962

consolation no 3

Washington   LP: RCA RL 13433/ARL1-3433
22 April   CD: RCA/BMG 09026 614152
1979

New York   LP: DG 419 0451
21 April   CD: DG 419 0452/427 2692
1985   Also unpublished video recording

Milan   CD: Exclusive EX92T 39-40
17 November
1985

Vienna   VHS Video: DG 072 1213
31 May   Laserdisc: DG 072 1211
1987

consolation no 4

New York   CD: RCA/BMG 09026 626432
28 March
1945

consolation no 5

New York   CD: RCA/BMG 09026 626432
24 April
1950

fantasia on motifs from mozart's le nozze di figaro, arranged by Busoni

Hamburg
January-
February
1926
Welte piano roll
CD: Intercord 860.864
CD: Condon 690.07009

funérailles/harmonies poétiques et réligieuses

London
15 November
1932
78: HMV DB 1848
78: Victor 14515
LP: HMV COLH 72
LP: Electrola E 80901
LP: EMI 1C053 00100M/100 1001
CD: EMI CHS 763 5382
CD: Fidelio 3465
CD: Grammofono AB 78619-78621
CD: Pearl GEMMCDS 9262
CD: Appian APR 5516/Magic Talent MT 48005

New York
29 December
1950
45: Victor WDM 1534
45: HMV (France) 7RF 173
LP: Victor LM 100/LM 2584/VH 006
LP: HMV BLP 1048
LP: HMV (Italy) QBLP 1033
CD: RCA/BMG 09026 614152

hungarian rhapsody no 2, arranged by horowitz

New York
25 February
1953
LP: Victor LM 1584/VH 006
CD: RCA/BMG GD 60523/09026 605232

hungarian rhapsody no 6

New York
16-19
May
1947
45: Victor WDM 1165/WEPR 10
45: HMV 7R 142
45: HMV (France) 7RF 151
45: HMV (Italy) 7RQ 3015
LP: Victor LM 1235/LM 2584/VH 006
LP: HMV ALP 1087
CD: RCA/BMG 09026 604632

hungarian rhapsody no 15 "rakoczy", arranged by horowitz

New York 9 May 1949- 17 May 1950	78: Victor 12-3154 45: Victor WDM 1534/49-3154 45: HMV (France) 7RF 175 LP: Victor LM 100/LM 2584/VH 006 LP: HMV BLP 1048 LP: HMV (Italy) QBLP 1033 CD: RCA/BMG GD 87552

hungarian rhapsody no 17

New York
18 April-
14 May
1962

LP: Columbia (USA) K 6371/KS 6371/M 35118
LP: CBS BRG 72067/SBRG 72067
CD: Sony S2K 53457/SX13K 53456

impromptu in f sharp

New York
20 September-
3 October
1985

LP: DG 419 2171
CD: DG 419 2172/427 2692

Milan
17 November
1985

CD: Exclusive EX92T 39-40

mephisto waltz, arranged by busoni and horowitz

Chicago
7-15 and
Washington
22 April
1979

LP: RCA RL 13433/ARL1-3433
CD: RCA/BMG 09026 614152

paganini étude no 2, arranged by busoni

New York
4 March
1930
    78: Victor 1468
    78: HMV DA 1160
    LP: Victor LM 2993/RB 6767/VH 001
    CD: Pearl GEMMCDS 9262
    CD: Appian APR 7014
    CD: RCA/BMG 09026 604632

piano sonata in b minor

London
12 November
1932
    78: HMV DB 1855-1857
    78: Victor M 380
    LP: HMV COLH 72
    LP: Electrola E 80901
    LP: EMI 1C053 00100M/100 1001
    CD: Fidelio 3465
    CD: Grammofono AB 78619-78621
    CD: Pearl GEMMCDS 9262
    CD: Appian APR 5516/Magic Talent MT 48014

St Louis
21 November
1976
    LP: RCA RL 12548/ARL1-2548
    CD: RCA/BMG 09026 614152

praeludium to bach's weinen klagen sorgen zagen

New York
20 October-
1 November
1989
    CD: Sony SK 45818

scherzo and march

New York
22 October
1967
    CD: Sony MK 45572/SK 53471/SX13K 53456

valse oubliée no 1

Hamburg
January-
February
1926

Welte piano roll 4122

New York
25 February
1930

78: Victor 1455
78: HMV DA 1140
LP: Victor LM 2993
CD: Pearl GEMMCDS 9262
CD: RCA/BMG 09026 604632

New York
28 April
1951

45: Victor WDM 1534
45: HMV (France) 7RF 174
LP: Victor LM 100/LM 2584/VH 006
LP: HMV BLP 1048
LP: HMV (Italy) QBLP 1033
CD: RCA/BMG GD 87752

Toronto
9 May
1976

CD: Music and Arts CD 666

New York
30 September-
3 October
1985

LP: DG 419 2171
CD: DG 419 2172/427 2692

Milan
17 November
1985

CD: Exclusive EX92T 39-40

Milan
24 November
1985

CD: Exclusive EX92T 39-40

NIKOLAI MEDTNER (1880-1951)

fairy tale in a

New York   CD: Sony SK 48093/SK 53472/SX13K 53456
12 June
1969

FELIX MENDELSSOHN-BARTHOLDY (1809-1847)

étude in a minor

New York
26 November
1967

CD: Sony MK 45572/SK 53471/SX13L 53456

scherzo a capriccio in f sharp minor

Boston
13 April and
New York
2 May
1980

LP: RCA RL 13775/ARL1-3775
CD: RCA/BMG GD 87755

song without words no 3 "huntsman's song"

New York
21 February
1949

CD: RCA/BMG 09026 626432

song without words no 25 "may breezes"

New York
29 October
1946

78: Victor M 1121/V 28
78: HMV DB 6613
45: Victor WDM 1121
LP: Victor LM 21/VH 020
CD: RCA/BMG 09026 604632

song without words no 30 "spring song"

New York
29 October
1946

78: Victor 11-9519
78: HMV DB 6613
45: Victor WDM 1605/49-0133
LP: Victor LM 1171/LM 7021/LD 7021/
RB 6554/VH 020
CD: RCA/BMG GD 87755

song without words no 35 "shepherd's lament"

New York
29 October
1946

78: Victor M 1121/V 28
78: HMV DB 6613
45: Victor WDM 1121
LP: Victor LM 21/LM 7021/LD 7021/
    RB 6554/VH 020
CD: RCA/BMG GD 87755

song without words no 40 "elegy"

New York
29 October
1946

78: Victor 11-9519
78: HMV DB 6613
45: Victor WDM 1605/49-0133
LP: Victor LM 1171/LM 7021/LD 7021/
    RB 6554/VH 020
CD: RCA/BMG GD 87755

variations sérieuses in d minor

New York
25 October-
22 November
1946

78: Victor M 1121/V 28
45: Victor WDM 1121
LP: Victor LM 21/VH 013
LP: HMV (France) FBLP 1015
CD: RCA/BMG 09026 604512/GD 60451

wedding march and variations from a midsummer night's dream, arranged by liszt and horowitz

New York
22 November
1946

45: Victor WDM 1121
LP: Victor LM 21/VH 020
CD: RCA/BMG GD 87755

MORITZ MOSZKOWSKI (1854-1925)

étincelles

New York 23 April 1951	78: Victor 10-3424 45: Victor 49-3424 45: HMV (France) 7RF 232 LP: Victor LM 1957/RB 16019/VH 020 CD: RCA/BMG GD 87755
Toronto 9 May 1976	CD: Music and Arts CD 666
Moscow 20 April 1986	LP: DG 419 4991 CD: DG 419 4992/427 2692 VHS Video: Sony SHV 64545
Vienna 31 May 1987	VHS Video: DG 072 2213 Laserdisc: DG 072 2211

étude in f

New York
10 October
1950

78: Victor 10-3424
45: Victor 49-3424/ERA 59
45: HMV (France) 7RF 232
CD:

New York
30 April
1985

LP: DG 419 0451
CD: DG 419 0452/427 2692
Also unpublished video recording

Milan
17 November
1985

CD: Exclusive EX92T 39-40

étude in a flat

Los Angeles
2 August
1949

CD: Stradivarius STR 10037

New York
10 October
1950

LP: Victor LM 7021/LD 7021/
RB 6555/VH 020

New York
9 May
1965

LP: Columbia (USA) M2S 728
LP: CBS BRG 72376-72377/SBRG 72376-72377
CD: Sony MK 42305/MK 44797/MK 45829/
M3K 44681/S3K 53461/SX13K 53456

WOLFGANG AMADEUS MOZART (1756-1791)

piano concerto no 23

Milan March 1987	La Scala Orchestra Giulini	CD: DG 423 2872 VHS Video: DG 072 2153 <u>Video version included in documentary</u> <u>on the making of the recording</u>

piano sonata no 3

New York CD: DG 427 7722/431 2742/445 5172
12-23
December
1988

piano sonata no 10

New York LP: DG 419 0451
19-28 CD: DG 419 0452/431 2742/445 5172
April <u>Also unpublished video recording</u>
1985

Milan CD: Exclusive EX92T 39-40
24 November
1985

Moscow LP: DG 419 4991
18-20 CD: DG 419 4992/427 2692
April VHS Video: Sony SHV 64545
1986

piano sonata no 11

New York
17 April
1966

LP: Columbia (USA) M2S 757
LP: CBS
CD: Sony MK 42305/S3K 53461/SX13K 53456
Rondo alla turca only
CD: Sony MK 44797/M3K 44681

piano sonata no 11, rondo alla turca

New York
25 October-
22 November
1946

78: Victor 12-0429
45: Victor WDM 1605/49-0597
45: HMV (Italy) 7RQ 255
LP: Victor LM 1771/VH 020
CD: Piano Library PL 239
CD: RCA/BMG

piano sonata no 12

New York
6 November
1947

78: Victor M 1284
45: Victor WDM 1284
LP: Victor LM 1027/LM 7021/LD 7021/
    RB 6554/VH 013
LP: HMV BLP 1014
LP: HMV (Italy) QBLP 5010
CD: Piano Library PL 257
CD: RCA/BMG 09026 604512

piano sonata no 13

Milan
March
1987

CD: DG 423 2872/427 2692/
    431 2742/445 5172

Vienna
31 May
1987

VHS Video: DG 072 1213
Laserdisc: DG 072 1211

Horowitz

adagio in b minor

New York   CD: DG 427 7722/445 5172
16 December
1988-
6 January
1989

rondo in a

Vienna   VHS Video: DG 072 1213
31 May   Laserdisc: DG 072 1211
1987

New York   CD: DG 427 7722/445 5172
12 December
1988-
23 January
1989

MODEST MUSSORGSKY (1839-1881)

pictures from an exhibition, arranged by horowitz

New York   78: Victor M 1249/V 30
7 November-   45: Victor WDM 1249
22 December   LP: Victor LM 1014/VH 017
1947   CD: RCA/BMG GD 60526/09026 605262

New York   LP: Victor LM 2357/RB 16194/VH 010
23 April   LP: HMV (France) FALP 146
1951   LP: HMV (Italy) QALP 146
                               CD: RCA/BMG GD 60321/09026 604492

by the water, arranged by horowitz

New York   45: Victor WDM 1249/WDM 1605
21 November   LP: Victor LM 1171/VH 020
1947   CD: Piano Library PL 239
                               CD: RCA/BMG 09026 604492

FRANCIS POULENC (1899-1963)

intermezzo in d flat

New York
28 March
1947

CD: RCA/BMG 09026 626442

novelette in c

New York
21 March
1949

CD: RCA/BMG 09026 626442

pastourelle in b flat

London
11 November
1932

78: HMV DB 1869
78: Victor 8996
LP: HMV COLH 300
LP: EMI 2C053 01902
CD: EMI CHS 763 5382
CD: Grammofono AB 78619-78621
CD: Pearl GEMMCDS 9262
CD: Appian APR 5517
CD: Magic Talent MT 48005

presto in b flat

New York
16 May
1947

78: Victor 12-0428
78: HMV DB 6971
45: Victor 49-1042
CD: RCA/BMG GD 60377/09026 603772

toccata

London
11 November
1932

78: HMV DB 1869
78: Victor 8996
LP: HMV COLH 300
LP: EMI 2C053 01902
CD: EMI CHS 763 5382
CD: Grammofono AB 78619-78621
CD: Pearl GEMMCDS 9262
CD: Appian APR 5517
CD: Magic Talent MT 48005

SERGEI PROKOFIEV (1891-1953)

piano sonata no 7

New York
22 September-
6 October
1945

45: Victor WDM 1042
LP: Victor LM 1016/LM 7021/LD 7021/
    RB 6555/VH 014
CD: RCA/BMG GD 60377/09026 603772

piano sonata no 7, third movement

New York
25 February
1953

CD: RCA/BMG GD 60526/09026 605262

toccata in d minor

London
30 December
1930

CD: EMI CHS 763 5382
CD: Grammofono AB 78619-78621
CD: Appian APR 5517/Magic Talent MT 48066
<u>Not published in 78 format: according to Bryan Crimp this was originally intended as fill-up to recording of Rachmaninov Piano Concerto No 3, but a Rachmaninov Prelude was substituted</u>

New York
21 November
1947

78: Victor 12-0428
78: HMV DB 6971
45: Victor WDM 1605/49-1042
45: HMV (France) 7RF 200
45: HMV (Italy) 7RQ 200
LP: Victor LM 1171/VH 020
CD: RCA/BMG GD 60377/09026 603772

intermezzo and valse lente from romeo and juliet

New York
17 January
1949

CD: RCA/BMG 09026 626442

SERGEI RACHMANINOV (1873-1943)

piano concerto no 3

London   LSO   78: HMV DB 1486-1490/DB 7468-7472 auto
30 December   Coates   78: Victor M 117/M 141
1930
                                                          LP: EMI 1C053 03038M/143 6761
                                                          CD: EMI CHS 763 5382
                                                          CD: Fidelio 3465
                                                          CD: Bellaphon 689.24003
                                                          CD: Biddulph LHW 036/Magic Talent MT 48066

New York   NYPSO   CD: Appian APR 5519
4 May   Barbirolli
1941

Los Angeles   Los Angeles PO   CD: As-Disc AS 550
31 August   Koussevitzky
1950

New York   Victor Orchestra   45: Victor WDM 1575
8-10   Reiner   LP: Victor LM 1178/VH 004/VH 400
May   LP: HMV ALP 1017
1951   LP: HMV (France) FALP 180
                                                          LP: HMV (Italy) QALP 10022
                                                          LP: Electrola WALP 1017
                                                          CD: RCA/BMG GD 87754

New York   NYPO   LP: RCA RL 12633/CRL1-2633
8 January   Ormandy   CD: RCA/BMG 09026 615642
1978

New York   NYPO   VHS Video: DG 072 1183
24 September   Mehta   Laserdisc: DG 072 1181
1978

barcarolle in g minor

Chicago   LP: RCA RL 13433/ARL1-3422
7-8   CD: RCA/BMG GD 60526/09026 605262
April and
Washington
22 April
1979

piano sonata no 2, arranged by horowitz

New York   CD: Stradivarius STR 10038
27 November
1968

New York   LP: Columbia (USA) M 30464
15 December   LP: CBS 72940
1968   CD: Sony SK 53472/SX13K 53456

Toronto   CD: Music and Arts CD 666
4 November
1979

Boston   LP: RCA RL 13775/ARL1-3775
30 April–   CD: RCA/BMG GD 87754
New York
11 May
1980

London   VHS Video: Sony SHV 53478
22 May
1982

cello sonata in g minor, third movement only

New York   Rostropovich   LP: Columbia (USA) M2X 34256
18 May   LP: CBS 79200
1976   CD: Sony SM2K 46743

étude-tableau in c op 33 no 2

New York   LP: Columbia (USA) K 6371/KS 6371
18 April–   LP: CBS BRG 72067/SBRG 72067
14 May   CD: Sony S2K 53457/SX13K 53456
1962

New York   CD: Music and Arts CD 666
27 November   CD: Stradivarius STR 10038
1967

Washington   LP: Columbia (USA) M 30464
10 December   LP: CBS 72940
1967   CD: Sony MK 42305/SK 53472/SX13K 53456

étude-tableau in e flat minor op 33 no 5

New York 27 November 1967	CD: Music and Arts CD 666 CD: Stradivarius STR 10038
Washington 10 December 1967	LP: Columbia (USA) M 30464 LP: CBS 72940 CD: Sony SK 53472/SX13K 53456

étude-tableau in e flat minor op 39 no 5

New York 18 April- 14 May 1962	LP: Columbia (USA) K 6371/KS 6371 LP: CBS BRG 72067/SBRG 72067 CD: Sony S2K 53472/SX13K 53456
Toronto 9 May 1976	CD: Music and Arts CD 666

étude-tableau in c minor op 39 no 7

New York 28 March 1945	CD: RCA/BMG 09026 626432

étude-tableau in d op 39 no 9

New York 27 November 1967	CD: Music and Arts CD 666 CD: Stradivarius STR 10038
Washington 10 December 1967	LP: Columbia (USA) M 30464 LP: CBS 72940 CD: Sony SK 53472/SX13K 53456

humoresque in g

Chicago 8-15 April and Washington 22 April 1979	LP: RCA RL 13433/ARL1-3433 CD: RCA/BMG GD 60256/09026 605262

moment musical no 2

New York
24 June
1977

CD: RCA/BMG GD 87754

moment musical no 3

New York
24 November
1968

CD: Stradivarius STR 10038

New York
15 December
1968

LP: Columbia (USA) M 30464
LP: CBS 72940
CD: Sony SK 53472/SX13K 53456

polka de w.r.

New York
24 June
1977

CD: RCA/BMG GD 87754

London
22 May
1982

VHS Video: Sony SHV 53478

Moscow
18 April
1986

LP: DG 419 4991
CD: DG 419 4992/427 2692
VHS Video: Sony SHV 64545

prélude in g minor op 23 no 5

Hamburg
January-
February
1926

Welte piano roll
CD: Intercord 860.864
CD: Condon 690. 07009

Berlin
12 June
1931

78: HMV DB 1490
78: Victor M 117/M 141/7646
LP: EMI 1C053 03038M
CD: EMI CHS 763 5382
CD: Grammofono AB 78619-78621
CD: Pearl GEMMCDS 9262
CD: Appian APR 5517/Magic Talent MT 48066

New York
25 October-
1 November
1981

LP: RCA RL 14260
CD: RCA/BMG GD 87752

prélude in g op 32 no 5

Hamburg   Welte piano roll
January-   LP: Sony Superscope KB1 4A068
February   CD: Condon 690.07009
1926

New York   CD: RCA/BMG GD 87754
24 June
1977

Moscow   LP: DG 419 4991
18 April   CD: DG 419 4992/427 2692
1986

prélude in a minor op 32 no 8

New York   Duo Art piano roll
June-   CD: Fonè 90F 12
September   CD: Condon 690.07009
1926

prélude in b minor op 32 no 10

New York   Duo Art piano roll
June-   CD: Fonè 90F 12
September   CD: Condon 690.07009
1928

prélude in g sharp minor op 32 no 12

Hamburg
January-
February
1926

Welte piano roll
LP: Sony Superscope KB1 4A068
CD: Condon 690.07009

New York
15 December
1964

LP: Columbia (USA) M 30464
LP: CBS 72940
CD: Sony MK 42305/SK 53472/SX13K 53456

New York
24 November
1968

CD: Stradivarius STR 10038

Toronto
9 May
1976

CD: Music and Arts CD 666

New York
25-28
April
1985

LP: DG 419 0451
CD: DG 419 0452
Also unpublished video recording

Milan
24 November
1985

CD: Exclusive EX92T 39-40

Moscow
20 April
1986

LP: DG 419 4991
CD: DG 419 4992/427 2692
VHS Video: Sony SHV 64545/SHV 53478

NIKOLAI RIMSKY-KORSAKOV (1844-1908)

flight of the bumble bee, arranged by rachmaninov

London
11 November
1932

78: HMV DB 1869
LP: EMI 2C053 01902
CD: EMI CHS 763 5382
CD: Grammofono AB 78619-78621
CD: Pearl GEMMCDS 9262
CD: Appian APR 5517/Magic Talent MT 48066
DB 1869 was later withdrawn at the artist's request

CAMILLE SAINT-SAENS (1835-1921)

danse macabre, arranged by liszt

New York
June-
September
1928

Duo Art piano roll
CD: Fonè 90F 12
CD: Condon 690.07009

danse macabre, arranged by liszt and horowitz

Hollywood
10 September
1942

78: Victor M 1001
78: HMV DB 6275
LP: Victor LM 7021/LD 7021/RB 6555/VH 020
CD: Piano Library PL 239
CD: RCA/BMG GD 87755

DOMENICO SCARLATTI (1685-1757)

capriccio, arranged by tausig

Camden NJ
2 April
1928

78: Victor 1353
LP: Victor LM 2993/VH 001
CD: Pearl GEMMCDS 9262
CD: Appian APR 7014
CD: RCA/BMG 09026 609682

sonata in c minor l.9

New York
23 April-
18 May
1964

CD: Sony SK 48093/SK 53460/SX13K 53456

sonata in e l.21

New York
4 May-
28 September
1964

LP: Columbia (USA) ML 6058/MS 6658
LP: CBS BRG 72274/SBRG 72274
CD: Sony MK 42410/SK 53460/SX13K 53456

sonata in e minor l.22

New York
4 May-
28 September
1964

LP: Columbia (USA) ML 6058/MS 6658
LP: CBS BRG 72274/SBRG 72274
CD: Sony MK 42410/SK 53460/SX13K 53456

sonata in e l.23

New York 24 October 1946	78: Victor M 1262 LP: Victor RB 6767 CD: RCA/BMG 09026 609862
Los Angeles 2 August 1949	CD: Stradivarius STR 10037
New York 23 April 1951	LP: Victor LM 1957/RB 16019/VH 013 CD: RCA/BMG 09026 604612
New York 2 January– 1 February 1968	LP: Columbia (USA) ML 6058/MS 6658 LP: CBS BRG 72274/SBRG 72274 CD: Sony MK 42410/MK 45829/M3K 44681/ SK 53465/SX13K 53456
Moscow 18 April 1986	LP: DG 419 4991 CD: DG 419 4992/427 2692 VHS Video: Sony SHV 64545

sonata in e l.25

New York 27 November 1946	78: Victor M 1262 CD: RCA/BMG 09026 609862

sonata in g l.28

New York 23 April– 18 May 1964	CD: Sony SK 48093/SK 53460/SX13K 53456

sonata in b minor 1.33

London 4 June 1935	78: HMV DB 2847 LP: HMV COLH 300 LP: EMI 2C053 01902/29 08321 CD: EMI CHS 763 5382 CD: Sirio SO 53.0026 CD: Grammofono AB 78520/AB 78619-78621 CD: Pearl GEMMCDS 9262 CD: Appian APR 5517/Magic Talent MT 48005
New York 21 November 1947	78: Victor M 1262 78: HMV DB 6882 CD: RCA/BMG 09026 609862
New York 25 October- 1 November 1981	LP: RCA RL 14260 CD: RCA/BMG 09026 614162
London 22 May 1982	VHS Video: Sony SHV 53478
New York 12-16 September 1985	LP: DG 419 2171 CD: DG 419 2172/427 2692
Milan 17 November 1985	CD: Exclusive EX92T 39-40
Milan 24 November 1985	CD: Exclusive EX92T 39-40
Moscow 18 April 1986	VHS Video: Sony SHV 64545

sonata in f sharp 1.35

New York 12 November 1967	LP: Columbia (USA) ML 6058/MS 6658 LP: CBS BRG 72274/SBRG 72274 CD: Sony MK 45572/SK 53466/SX13K 53456
New York 26 November 1967	CD: Music and Arts CD 666

sonata in f minor 1.118

New York 4 May- 28 September 1964	LP: Columbia (USA) ML 6058/MS 6658 LP: CBS BRG 72274/SBRG 72274 CD: Sony MK 42410/SK 53460/SX13K 53456
New York 26 November 1967	CD: Music and Arts CD 666
New York 25 October- 1 November 1981	LP: RCA RL 14260 CD: RCA/BMG 09026 614162
London 22 May 1982	VHS Video: Sony SHV 53478

sonata in g 1.124

New York 12 November 1967	LP: Columbia (USA) ML 6058/MS 6658 LP: CBS BRG 72274/SBRG 72274 CD: Sony MK 45572/SK 53466/SX13K 53456
New York 26 November 1967	CD: Music and Arts CD 666

sonata in g 1.129

New York 23 April- 4 June 1964	CD: Sony SK 48093/SK 53460/SX13K 53456

sonata in b minor 1.147

New York 23 April 1964	CD: Sony SK 48093/SK 53460/SX13K 53456

sonata in d 1.164

New York
4 May-
28 September
1964

LP: Columbia (USA) ML 6058/MS 6658
LP: CBS BRG 72274/SBRG 72274
CD: Sony MK 42410/SK 53460/SX13K 53456

sonata in a flat 1.186

New York
25 October-
1 November
1981

LP: RCA RL 14260
CD: RCA/BMG 09026 614162

sonata in f minor 1.187

New York
4 May-
28 September
1964

LP: Columbia (USA) ML 6058/MS 6658
LP: CBS BRG 72274/SBRG 72274
CD: Sony MK 42410/SK 53460/SX13K 53456

sonata in f 1.188

New York
23 April
1964

LP: Columbia (USA) ML 6058/MS 6658
LP: CBS BRG 72274/SBRG 72274
CD: Sony MK 42410/SK 53460/SX13K 53456

sonata in f minor 1.189

New York
25 October-
1 November
1981

LP: RCA RL 14260
CD: RCA/BMG 09026 614162

London
22 May
1982

VHS Video: Sony SHV 53478

sonata in e flat 1.203

New York
4 May-
28 September
1964

LP: Columbia (USA) ML 6058/MS 6658
LP: CBS BRG 72274/SBRG 72274
CD: Sony MK 42410/SK 53460/SX13K 53456

232 Horowitz

sonata in g l.209

New York   78: Victor M 1262
24 October   CD: RCA/BMG 09026 609862
1946

New York   LP: Columbia (USA) ML 6411/MS 6411
6 November-   LP: CBS BRG 72117/SBRG 72117
18 December   CD: Sony MK 42410/MBK 42534/S2K 53457/
1962   SX13K 53456

sonata in e l.224

New York   LP: RCA RL 14260
25 October-   CD: RCA/BMG 09026 614162
1 November
1981

London   VHS Video: Sony SHV 53478
22 May
1982

New York   LP: DG 419 2171
12-16   CD: DG 419 2172/427 2692
September
1985

Milan   CD: Exclusive EX92T 39-40
17 November
1985

Milan   CD: Exclusive EX92T 39-40
24 November
1985

Moscow   VHS Video: Sony SHV 64545
18 April
1986

sonata in a minor l.239

London   78: HMV DB 21539
11 October   45: HMV 7R 155
1951   45: HMV (France) 7RF 201
                              45: HMV (Italy) 7RQ 3023
                              CD: EMI CHS 763 5382

sonata in a minor 1.241

New York
4 May-
28 September
1964

LP: Columbia (USA) ML 6058/MS 6658
LP: CBS BRG 72274/SBRG 72274
CD: Sony MK 42410/SK 53460/SX13K 53456

sonata in d minor 1.267

New York
4 May-
4 June
1964

CD: Sony SK 48093/SK 53460/SX13K 53456

sonata in g 1.335

New York
26 November
1967

CD: Music and Arts CD 666

New York
2 January-
1 February
1968

LP: Columbia (USA)
LP: CBS 72720
CD: Sony MK 42410/MK 45829/M3K 44681/
SK 53465/SX13K 53456

sonata in g 1.349

New York
4 May-
28 September
1964

LP: Columbia (USA) ML 6058/MS 6658
LP: CBS BRG 72274/SBRG 72274
CD: Sony MK 42410/SK 53460/SX13K 53456

sonata in a 1.391

New York
23 April
1964

LP: Columbia (USA) ML 6058/MS 6658
LP: CBS BRG 72274/SBRG 72274
CD: Sony MK 42410/SK 53460/SX13K 53456

sonata in d l.424

New York	LP: Columbia (USA) ML 6058/MS 6658
4 May-	LP: CBS BRG 72274/SBRG 72274
28 September	CD: Sony MK 42410/SK 53460/SX13K 53456
1964	

sonata in e l.430

New York	78: Victor M 1262
7 November	78: HMV DB 6882
1947	CD: RCA/BMG 09026 609862

New York	LP: Columbia (USA) ML 6411/MS 6411
6 November-	LP: CBS BRG 72117/SBRG 72117
18 December	CD: Sony MK 42305/MK 42410/MK 44797/
1962	MBK 42534/S2K 53457/SX13K 53456

sonata in d l.465

New York	LP: Columbia (USA) ML 6058/MS 6658
4 May-	LP: CBS BRG 72274/SBRG 72274
28 September	CD: Sony MK 42410/SK 53460/SX13K 53456
1964	

sonata in f sharp minor l.481

New York	CD: Sony SK 48093/SK 53460/SX13K 53456
4-18	
May	
1964	

sonata in a l.483

New York 27 November 1946	78: Victor M 1262 CD: RCA/BMG 09026 609862
London 11 October 1951	78: HMV DB 21539 45: HMV 7R 155 45: HMV (France) 7RF 201 45: HMV (Italy) 7RQ 2023 CD: EMI CHS 763 5382
New York 6 November- 18 December 1962	LP: Columbia (USA) ML 6411/MS 6411 LP: CBS BRG 72117/SBRG 72117 CD: Sony MK 42305/MK 42410/MK 44797/ MBK 42534/S2K 53457/SX13K 53456

sonata in g l.487

London 2 June 1935	78: HMV DB 2847 LP: HMV COLH 300 LP: EMI 2C053 01902 CD: EMI CHS 763 5382 CD: Fidelio 3465 CD: Grammofono AB 78520/AB 78619-78621 CD: Sirio SO 53.0026 CD: Pearl GEMMCDS 9262 CD: Appian APR 5517/Magic Talent MT 48005

sonata in a l.494

New York 26 November 1967	CD: Music and Arts CD 666
New York 25 October- 1 November 1981	LP: RCA RL 14260 CD: RCA/BMG 09026 614162
London 22 May 1982	VHS Video: Sony SHV 53478

FRANZ SCHUBERT (1797-1828)

impromptu in e flat d899

New York 10-24 January 1973	LP: Columbia (USA) M 32432 CD: Sony SK 53471/SX13K 53456

impromptu in g flat d899

New York 4 January 1953	CD: RCA/BMG GD 60523/09026 605232
New York 6 November- 18 December 1962	LP: Columbia (USA) ML 6411/MS 6411 LP: CBS BRG 72117/SBRG 72117 CD: Sony MK 42305/MBK 42534/S2K 53457/ SX13K 53456
Vienna 31 May 1987	VHS Video: DG 072 1213 Laserdisc: DG 072 1211

impromptu in a flat d899

New York 10-24 January 1973	LP: Columbia (USA) M 32432 CD: Sony SK 53471/SX13K 53456
New York 19-28 April 1985	LP: DG 419 0451 CD: DG 419 0452/427 2692 <u>Also unpublished video recording</u>

impromptu in f minor d935

New York 10-24 January 1973	LP: Columbia (USA) M 32432 CD: Sony SK 53471/SX13K 53456

impromptu in a flat d935

New York
10-24
January
1973

LP: Columbia (USA) M 32432

CD: Sony SK 53471/SX13K 53456

impromptu in b flat d935

New York
16 September-
9 October
1985

LP: DG 419 2171
CD: DG 419 2172/427 2692

Milan
17 November
1985

CD: Exclusive EX92T 39-40

Milan
24 November
1985

CD: Exclusive EX92T 39-40

Moscow
18 April
1986

VHS Video: Sony SHV 64545

marche militaire in d flat, arranged by tausig and horowitz

New York
23 September-
9 October
1985

LP: DG 419 2171
CD: DG 419 2172/427 2692

moment musical no 3

Milan
24 November
1985

CD: Exclusive EX92T 39-40

New York
18 February
1986

CD: DG 427 7722

Vienna
31 May
1987

VHS Video: DG 072 1213
Laserdisc: DG 072 1211

liebesbotschaft, arranged by liszt

Hamburg January- February 1926	Welte piano roll CD: Intercord 860.864
New York June- September 1928	Duo Art piano roll CD: Fonè 90F 12 CD: Condon 690.07009

ständchen, arranged by liszt

New York
18 February-
6 March
1986

CD: DG 427 7722

piano sonata no 21

New York
29 December
1952-
25 February
1953

LP: Victor LM 6014/VH 016/ARM1-2873
CD: RCA/BMG 09026 604512

New York
10 February-
4 March
1986

CD: DG 435 0252

valse caprice no 6

Milan   CD: Exclusive EX92T 39-40
24 November
1985

New York   CD: DG 427 7722
February
1986

Moscow   LP: DG 419 4991
18 April   CD: DG 419 4992
1986   VHS Video: Sony SHV 64545

Vienna   VHS Video: DG 072 1213
31 May   Laserdisc: DG 072 1211
1987

valse caprice no 7

New York   CD: DG 427 7722
13-21
February
1989

ROBERT SCHUMANN (1810-1856)

arabeske

London 6 May 1934	78: HMV DA 1381 78: Victor 1713 LP: HMV COLH 72 LP: Electrola E 80901 LP: EMI 1C053 00100M/100 1001 CD: EMI CHS 763 5382 CD: Sirio SO 53.0026 CD: Grammofono AB 78520/AB 78619-78621 CD: Pearl GEMMCDS 9262 CD: Appian APR 5517/Magic Talent MT 48005
New York 27 December 1950	45: Victor 49-3304 <u>Probably unpublished</u>
New York 18 April- 14 May 1962	LP: Columbia (USA) K 6371/KS 6371 LP: CBS BRG 72067/SBRG 72067 CD: Sony S2K 53457/SX13K 53456
New York 2 January- 1 February 1968	LP: Columbia (USA) LP: CBS 72720 CD: Sony MK 42305/MK 42409/MK 45829/ M3K 44681/SK 53465/SX13K 53456
Toronto 9 May 1976	CD: Music and Arts CD 666

blumenstück in d flat

New York 10 December 1966	LP: Columbia (USA) LP: CBS CD: Sony MK 42409/M3K 44681/S3K 53461/ SX13K 53456

dichterliebe, song cycle

New York 18 May 1976	Fischer-Dieskau	LP: Columbia (USA) M2X 34256 LP: CBS 79200 CD: Sony SM2K 46743

fantasy in c

New York
9 May
1965

LP: Columbia (USA) M2S 728
LP: CBS BRG 72376-72377/SBRG 72376-72377
CD: Sony M3K 44681/S3K 53461/SX13K 53456

fantasiestücke

Boston
13 April-
New York
2 May
1980

LP: RCA RL 13775/ARL1-3775
CD: RCA/BMG GD 86680

fantasiestücke, traumeswirren

London
15 November
1932

78: HMV DA 1353
78: Victor 1654
LP: HMV COLH 73
LP: Electrola E 80901
LP: EMI 1C053 00100M/100 1001
CD: EMI CHS 763 5382
CD: Sirio SO 53.0026
CD: Grammofono AB 78520/AB 78619-78621
CD: Pearl GEMMCDS 9262
CD: Appian APR 5517/Magic Talent MT 48005

humoreske

Chicago
8-15
April
1979

LP: RCA RL 13433/ARL1-3433
CD: RCA/BMG GD 86680

kinderszenen

New York 10-17 May 1950	78: Victor M 1447 45: Victor WDM 1447 LP: Victor LM 1109/LVT 1032/ VH 016/ARM1-2718 LP: HMV ALP 1069 LP: HMV (France) FALP 113 LP: HMV (Italy) QALP 195 CD: RCA/BMG 09026 604632/GD 60463 <u>Träumerei only</u> CD: RCA/BMG GD 87755
New York 6 November- 18 December 1962	LP: Columbia (USA) ML 6411/MS 6411 LP: CBS BRG 72117/SBRG 72117 CD: Sony MK 42409/MBK 42534/S2K 53457/ SX13K 53456
London 22 May 1982	LP: RCA RL 14572 CD: RCA/BMG 09026 614142
Vienna 31 May 1987	CD: DG 435 0252/445 5992 VHS Video: DG 072 1213 Laserdisc: DG 072 1211

kinderszenen, träumerei

New York
21 November
1947
    45: Victor WDM 1605/49-0597
    45: HMV (France) 7RF 232
    LP: Victor LM 1171/LM 7021/
        LD 7021/RB 6554
    CD: RCA/BMG 09026 604612

Los Angeles
2 August
1949
    CD: Stradivarius STR 10037

New York
9 May
1965
    LP: Columbia (USA) M2S 728
    LP: CBS BRG 72376-72377/SBRG 72376-72377
    CD: Sony MK 45829/M3K 44681/S3K 53462/
        SX13K 53461

New York
2 January-
1 February
1968
    LP: Columbia (USA)
    LP: CBS 72720
    CD: Sony MK 42305/MK 44797/SK 53465/
        SX13K 53456

Toronto
9 May
1976
    CD: Music and Arts CD 666

Milan
17 November
1985
    CD: Exclusive EX92T 39-40

Moscow
20 April
1986
    LP: DG 419 4991
    CD: DG 419 4992/427 2692
    VHS Video: Sony SHV 64545

kreisleriana

New York
24 November
1968
    CD: Stradivarius STR 10038

New York
1 December
1969
    LP: Columbia (USA) MS 7264/MQ 1150
    LP: CBS 72841
    CD: Sony MK 42409/S2K 53468/SX13K 53456

New York
12 September-
9 October
1985
    LP: DG 419 2171
    CD: DG 419 2172/427 2692/445 5992
    Also unpublished video recording

Milan
17 November
1985
    CD: Exclusive EX92T 39-40

nachtstücke in d flat and f

Boston
13 April-
New York
2 May
1980

LP: RCA RL 11766/ARL1-1766
CD: RCA/BMG GD 86680

novelette in f

New York
28-30
April
1985

LP: DG 419 0451
CD: DG 419 0452/427 2692/445 5992
<u>Also unpublished video recording</u>

piano sonata no 3

New York
14-29
February
1976

LP: RCA RL 11766/ARL1-1766
CD: RCA/BMG GD 86680

Toronto
9 May
1976

CD: Music and Arts CD 666

piano sonata no 3, wieck variations (3rd movement)

New York
5 March
1951

LP: Victor LM 1957/LM 7021/LD 7021/
RB 6554/RB 16019/VH 013
CD: RCA/BMG 09026 604632/GD 60463

New York
5-14
February
1969

LP: Columbia (USA) MS 7264/MQ 1150
LP: CBS 72841
CD: Sony S2K 53468/SX13K 53456

presto passionato in g minor

London
15 November
1932

78: HMV DA 1301
LP: HMV COLH 72
LP: Electrola E 80901
LP: EMI 1C053 00100M/100 1001
CD: EMI CHS 763 5382
CD: Sirio SO 53.0026
CD: Grammofono AB 78520/AB 78619-78621
CD: Pearl GEMMCDS 9262
CD: Appian APR 5517
CD: Magic Talent MT 48005

toccata

London
12 May
1934

78: HMV DB 2238
LP: HMV COLH 72
LP: Electrola E 80901
LP: EMI 1C053 00100M/100 1001
CD: EMI CHS 763 5382
CD: Sirio SO 53.0026
CD: Pearl GEMMCDS 9262
CD: Grammofono AB 78520/AN 78619-78621
CD: Appian APR 5517
<u>DB 2238 subsequently withdrawn, as it was not approved by the artist: the same applied to previous takes of the work on 29 May 1933 and 6 May 1934</u>

New York
6 November-
18 December
1962

45: Columbia (USA) 8611
LP: Columbia (USA) ML 6411/MS 6411
LP: CBS BRG 72117/SBRG 72117
CD: Sony MK 42305/MK 42409/MBK 42534/ S2K 53457/SX13K 53456

ALEXANDER SCRIABIN (1872-1915)

piano sonata no 3

New York
9 May
1956

LP: Victor LM 2005/VH 005
CD: RCA/BMG GD 86215

piano sonata no 5

Pasadena
28-29
February
1976

LP: RCA RL 11766/ARL1-1766
CD: RCA/BMG GD 86215

piano sonata no 9

New York
25 February
1953

LP: Victor LM 7021/LD 7021/RB 6555/VH 014
CD: RCA/BMG GD 60526/09026 605262

New York
9 May
1965

LP: Columbia (USA) M2S 728
LP: CBS BRG 72376-72377/SBRG 72376-72377
CD: Sony MK 42411/MK 45829/M3K 44681/
    S3K 53461/SX13K 53456

piano sonata no 10

New York
17 April
1966

LP: Columbia (USA) M2S 757/M 31620
LP: CBS 72794
CD: Sony MK 42411/M3K 44681/S3K 53461/
    SX13K 53456

étude in f sharp minor op 8 no 2

New York
27 April-
4 May
1972

LP: Columbia (USA) M 31620
LP: CBS 72794
CD: Sony MK 42411/SK 53472/SX13K 53456

étude in a flat op 8 no 8

New York
27 April-
4 May
1972

LP: Columbia (USA) M 31620
LP: CBS 72794
CD: Sony MK 42411/SK 53472/SX13K 53456

étude in d flat op 8 no 10

New York
27 April
1972

LP: Columbia (USA) M 31620
LP: CBS 72794
CD: Sony MK 42411/SK 53472/SX13K 53456

étude in b flat minor op 8 no 11

New York
25 February
1953

LP: Victor VH 014
CD: RCA/BMG GD 86215

New York
27 April-
4 May
1972

LP: Columbia (USA) M 31620
LP: CBS 72794
CD: Sony MK 42411/SK 53472/SX13K 53456

étude in d sharp minor op 8 no 12

New York
6 November-
18 December
1962

LP: Columbia (USA) ML 6411/MS 6411
LP: CBS BRG 72117/SBRG 72117
CD: Sony MK 42305/MK 42411/MBK 42534/
S2K 53457/SX13K 53456

New York
2 January-
1 February
1968

LP: Columbia (USA)
LP: CBS 72720
CD: Sony MK 44797/MK 45829/M3K 44681/
SK 53465/SX13K 53456

London
22 May
1982

LP: RCA RL 14572
CD: RCA/BMG GD 86215/09026 612142

New York
20-30
September
1985

LP: DG 419 2171
CD: DG 419 2172/427 2692
Also unpublished video recording

Milan
17 November
1985

CD: Exclusive EX92T 39-40

Milan
24 November
1985

CD: Exclusive EX92T 39-40

Moscow
20 April
1986

LP: DG 419 4991
CD: DG 419 4992
VHS Video: Sony SHV 64545

étude in f sharp minor op 42 no 2

New York
27 April
1972

LP: Columbia (USA) M 31620
LP: CBS 72794
CD: Sony MK 42411/SK 53472/SX13K 53456

étude in f sharp op 42 no 4

New York
27 April
1972

LP: Columbia (USA) M 31620
LP: CBS 72794
CD: Sony MK 42411/SK 53472/SX13K 53456

étude in c sharp minor op 42 no 5

New York
25 February
1953

LP: Victor VH 014
CD: RCA/BMG GD 86215

New York
31 May
1972

LP: Columbia (USA) M 31620
LP: CBS 72794
CD: Sony MK 42411/SK 53472/SX13K 53456

étude in g op 65 no 3

New York
27 April-
4 May
1972

CD: Sony SK 48093/SK 53472/SX13K 53456

feuillet d'album

New York
27 April
1972

CD: Sony SK 48093/SK 53472/SX13K 53456

feuillet d'album in e flat

New York
31 May
1972

LP: Columbia (USA) M 31620
LP: CBS 72794
CD: Sony MK 42411/SK 53472/SX13K 53456

250 Horowitz

piano piece op 2 no 1

New York 17 May 1950	45: HMV (Italy) 7RQ 200 CD: RCA/BMG GD 60526/09026 605262
New York 6 November- 18 December 1962	LP: Columbia (USA) ML 6411/MS 6411 LP: CBS BRG 72117/SBRG 72117 CD: Sony MK 42305/MK 42411/MBK 42534/ S2K 53457/SX13K 53456
New York 9 May 1965	LP: Columbia (USA) M2S 728 LP: CBS BRG 72376-72377/SBRG 72376-72377 CD: Sony M3K 44681/S3K 53461/SX13K 53456
New York 19-30 April 1985	LP: DG 419 0451 CD: DG 419 0452/427 2692 <u>Also unpublished video recording</u>
Moscow 20 April 1986	LP: DG 419 4991 CD: DG 419 4992 VHS Video: Sony SHV 64545

piano piece op 51 no 2

New York
14 May
1956

LP: Victor LM 1957/RB 16109/VH 005
CD: RCA/BMG GD 86215

piano piece op 59 no 2

New York
14 May
1956

LP: Victor LM 1957/RB 16109/VH 005
CD: RCA/BMG GD 86215

piano piece op 67 no 1

New York
14 May
1956

LP: Victor LM 1957/RB 16109/VH 005
CD: RCA/BMG GD 86215

poème in f sharp op 32

New York
6 November-
18 December
1962

LP: Columbia (USA) ML 6411/MS 6411
LP: CBS BRG 72117/SBRG 72117
CD: Sony MK 42411/MBK 42534/S2K 53457/
     SX13K 53456

New York
9 May
1965

LP: Columbia (USA) M2S 728
LP: CBS BRG 72376-72377/SBRG 72376-72377
CD: Sony M3K 44681/S3K 53461/SX13K 53456

2 poèmes op 69

New York
27 April
1972

LP: Columbia (USA) M 31620
LP: CBS 72794
CD: Sony SK 53472/SX13K 53456

prélude in c op 11 no 1

New York
14 May
1956

LP: Victor LM 1957/RB 16109/VH 005
CD: RCA/BMG GD 86215

prélude in g op 11 no 3

New York
14 May
1956

LP: Victot LM 1957/RB 16109/VH 005
CD: RCA/BMG GD 86215

prélude in d op 11 no 5

New York
14 May
1956

LP: Victor LM 1957/RB 16109/VH 014
CD: RCA/BMG GD 60526/09026 605262

prélude in e op 11 no 9

New York
14 May
1956

LP: Victor LM 1957/RB 16109/VH 005
CD: RCA/BMG GD 86215

prélude in c sharp minor op 11 no 10

New York
14 May
1956

LP: Victot LM 1957/RB 16109/VH 005
CD: RCA/BMG GD 86215

prélude in g flat op 11 no 13

New York
14 May
1956

LP: Victor LM 1957/RB 16109/VH 005
CD: RCA/BMG GD 86215

prélude in e flat minor op 11 no 14

New York
14 May
1956

LP: Victor LM 1957/RB 16109/VH 005
CD: RCA/BMG GD 86215

prélude in b flat minor op 11 no 16

New York
14 May
1956

LP: Victor LM 1957/RB 16109/VH 005
CD: RCA/BMG GD 86215

prélude in b minor op 13 no 6

New York
14 May
1956

LP: Victor LM 1957/RB 16109/VH 005
CD: RCA/BMG GD 86215

prélude in f sharp minor op 15 no 2

New York
14 May
1956

LP: Victor LM 1957/RB 16109/VH 005
CD: RCA/BMG GD 86215

prélude in b op 16 no 1

New York
14 May
1956

LP: Victor LM 1957/RB 16109/VH 005
CD: RCA/BMG GD 86215

prélude in e flat minor op 16 no 4

New York
14 May
1956

LP: Victor LM 1957/RB 16109/VH 005
CD: RCA/BMG GD 86215

prélude in g sharp minor op 22 no 1

New York
14 May
1956

LP: Victor LM 1957/RB 16109/VH 014
CD: RCA/BMG GD 60526/09026 605262

prélude in g minor op 27 no 1

New York
14 May
1956

LP: Victor LM 1957/RB 16109/VH 005
CD: RCA/BMG GD 86215

prélude in d flat op 48 no 3

New York
14 May
1956

LP: Victor LM 1957/RB 16109/VH 005
CD: RCA/BMG GD 86215

vers la flamme

New York
31 May
1972

LP: Columbia (USA) M 31620
LP: CBS 72794
CD: Sony MK 42411/SK 53472/SX13K 53456
An undated performance of the piece
also appears on Sony Video SHV 53478

JOHN PHILIP SOUSA (1854-1932)

stars and stripes forever, arranged by horowitz

Los Angeles 2 August 1949	CD: Stradivarius STR 10037
New York 29 December 1950	78: Victor 10-3424 45: Victor 49-3424 45: HMV (France) 7RF 232 LP: Victor LM 1957/RB 16109/VH 020 CD: RCA/BMG GD 60256/09026 605262
New York 23 April 1951	CD: RCA/BMG GD 87755

IGOR STRAVINSKY (1882-1971)

russian dance from petrushka

London
11 November
1932

78: HMV DB 1869
LP: HMV COLH 300
LP: EMI 2C053 01902/29 08321
CD: EMI CHS 763 5382
CD: Pearl GEMMCDS 9262
CD: Grammofono AB 78619-78621
CD: Appian APR 5517/Magic Talent MT 48066
DB 1869 subsequently withdrawn
at artist's request

PIOTR TCHAIKOVSKY (1840-1893)

piano concerto no 1

New York 31 March 1940	NYPSO Barbirolli	CD: Appian APR 5519
New York 19 April 1941	NBC SO Toscanini	LP: Melodram MEL 235 CD: Bellaphon 689.24001
New York 6-14 May 1941	NBC SO Toscanini	78: Victor M 800 78: HMV DB 5988-5991/DB 8922-8925 auto 45: Victor WCT 16/ERBT 3 LP: Victor LCT 1012/VIC 1554/ AT 113/AT 1056 LP: HMV CSLP 505 LP: HMV (Australia) QJLP 103 CD: RCA/BMG GD 60319/GD 60449 Only the UK issue of AT 113 contained this performance
New York 25 April 1943	NBC SO Toscanini	LP: Victor LM 2319/RB 16190/AT 113/ AT 1056/VH 015/VH 400/VL 46016 LP: Franklin Mint CD: Melodram MEL 18014 CD: Classical Society CSCD 103 CD: Memories HR 4197 CD: RCA/BMG GD 60321/GD 87992 All editions of AT 113 except UK contained this performance
New York 11 April 1948	NYPSO Walter	CD: As-Disc AS 400 CD: Music and Arts CD 810
Los Angeles 2 August 1949	Los Angeles PO Steinberg	LP: Melodram MEL 302 CD: Stradivarius STR 10037 CD: Radio Years RY 92
New York 12 January 1953	NYPSO Szell	LP: Penzance PR 17/P100B LP: Movimento musica 01.008 CD: Movimento musica 011.007

One of the Horowitz performances of this concerto conducted by Toscanini has recently been published on CD by Piano Library PL 257 and by Avid Masters AMSC 585

piano concerto no 1, third movement only

Copenhagen 18 October 1934	Danish RO Malko	LP: Danacord DACO 103 CD: Danacord DACOCD 303

dumka in c minor

New York June- September 1928	Duo Art piano roll 72184 CD: Condon 690.07009
Hollywood 27 August- 29 September 1942	78: Victor M 1001 78: HMV DB 6273 LP: Victor RB 6767/VH 001 CD: RCA/BMG GD 60526/09026 605262

piano trio in a minor, first movement only

New York 18 May 1976	Stern, Rostropovich	LP: Columbia (USA) M2X 34256 LP: CBS 79200 CD: Sony SM2K 46743

258 Horowitz

RICHARD WAGNER (1813-1883)

tristan und isolde, liebestod arranged by liszt

New York CD: Sony SK 45818
25 October-
1 November
1989

MISCELLANEOUS

god save the queen

London LP: RCA RL 14572
22 May CD: RCA/BMG 09026 614142
1982

HOROWITZ FILM DOCUMENTARIES

a reminiscence The complete works in this programme are
VHS Video: Sony SHV 53478 listed under composers; however, it
Laserdisc: Sony SLV 53478 contains many additional extracts

the last romantic
Pioneer (Japan) PA 97-193

horowitz in london Presumably includes material also
Pioneer (Japan) PA 82-031 included on the Sony video listed above

the making of mozart piano concerto no 23
VHS Video: DG 072 1153
Laserdisc: DG 072 2151 (not UK)

Dinu Lipatti
1917-1950

SOCIETATEA ROMÂNĂ DE RADIODIFUZIUNE

ATENEUL ROMAN

CONCERT SIMFONIC EXTRAORDINAR

ORCHESTRA RADIO

cu concursul la pian al d-lui

DINU LIPATTI

Conducerea muzicală mnestrul

WILLEM MENGELBERG

PROGRAM
1943

JOHANN SEBASTIAN BACH (1685-1750)

concerto for piano and orchestra bwv 1052

Amsterdam 2 October 1947	Concertgebouw Orchestra van Beinum	LP: Discocorp MLG 80 LP: Turnabout THS 65111 LP: Jecklin 541 CD: Jecklin JD 5412

partita no 1

Paris
25 June
1936

Unpublished test recording
Prelude, Sarabande and Allemande only

Geneva
9 July
1950

78: Columbia LX 8744-8745
78: Columbia (France) LFX 954-955
78: Columbia (Italy) GQX 11241-11242
78: Columbia (Spain) M 15145-15146
LP: Columbia 33C 1021
LP: Columbia (France) 33FC 1023/
33FC 25009/33FCX 494
LP: Columbia (Germany) C60600/33WC 1021
LP: Columbia (Italy) 33QC 5013
LP: Columbia (USA) ML 4633/3216 0320
LP: EMI HQM 1210/RLS 749/2C061 01963/
1C047 01406M/1C197 53780-53786M
CD: EMI CDC 747 5172/CDH 769 8002/
CZS 767 1632

Besançon
16 September
1950

LP: Columbia 33CX 1499
LP: Angel 3556/35438
LP: EMI RLS 761/1C147 00463-00464M
CD: EMI CDH 565 1662

262 Lipatti

andante from cello sonata bwv 1028

Zürich   Janigro   Columbia unpublished
24 May   Test recording
1947

ich ruf' zu dir, chorale prelude arranged by busoni

Geneva   78: Columbia LX 1427
10 July   78: Columbia (France) LFX 992
1950   78: Columbia (Italy) GQX 11500
                                        78: Columbia (Switzerland) LZX 263
                                        45: Columbia SEL 1631/SCD 2142
                                        45: Columbia (France) ESBF 112/ESBF 17036
                                        45: Columbia (Italy) SEBQ 139
                                        LP: Columbia 33CX 1386
                                        LP: Columbia (France) 33FCX 494/
                                            33FC 25009
                                        LP: Columbia (Italy) 33QCX 10276
                                        LP: Columbia (USA) ML 4633/3216 0320
                                        LP: EMI RLS 749/HQM 1210/2C061 01963/
                                            1C047 01406M/1C197 53780-53786M
                                        CD: EMI CDC 747 5172/CDH 769 8002/
                                            CZS 767 1632

Geneva   Unpublished radio broadcast
27 July
1950

jesu meine freude, chorale prelude arranged by hess

Bucharest 28 April 1941	CD: Archiphon ARC 112-113
London 20 February 1947	Columbia unpublished
London 4 March 1947	Columbia unpublished
London 24 September 1947	78: Columbia LC 30 78: Columbia (France) LF 253 78: Columbia (Italy) GQ 7232 78: Columbia (Switzerland) LZ 9

Geneva
8-10
July
1950
	78: Columbia LB 109
	78: Columbia (Italy) GQ 7232/GQ 7248
	45: Columbia SEL 1631/SCD 2110
	45: Columbia (France) ESBF 112/
	    ESBF 17036/SCBF 110
	45: Columbia (Italy) SEBQ 139/SCBQ 3008
	LP: Columbia 33CX 1386
	LP: Columbia (France) 33FC 25009/33FCX 494
	LP: Columbia (Italy) 33QCX 10276
	LP: Columbia (USA) ML 4633/3216 0320
	LP: EMI RLS 749/HQM 1163/2C061 01963/
	    1C047 01406M/1C197 53780-53786M
	CD: CDC 747 5172/CDH 769 8002/
	    CZS 767 1632

nun komm der heiden heiland, chorale prelude arranged by busoni

Geneva
10 July
1950
	78: Columbia LX 1427
	78: Columbia (France) LFX 992
	78: Columbia (Italy) GQX 11500
	78: Columbia (Switzerland) LZX 263
	45: Columbia SEL 1631/SCD 2142
	45: Columbia (France) ESBF 112/ESBF 17036
	45: Columbia (Italy) SEBQ 139
	LP: Columbia 33CX 1386
	LP: Columbia (France) 33FCX 494/33FC 25009
	LP: Columbia (Italy) 33QCX 10276
	LP: Columbia (USA) ML 4633/3216 0320
	LP: EMI RLS 749/HQM 1210/2C061 01963/
	    1C047 01406M/1C197 53780-53786M
	CD: EMI CDC 747 5172/CDH 769 8002/
	    CZS 767 1632

siciliano from flute sonata no 2, arranged by kempff

Geneva
6 July
1950

78: Columbia LB 109
78: Columbia (France) LF 284
78: Columbia (Italy) GQ 7248
45: Columbia SEL 1631/SCD 2110
45: Columbia (France) ESBF 112/
    ESBF 17036/SCBF 110
45: Columbia (Italy) SEBQ 139/SCBQ 3008
LP: Columbia 33CX 1386
LP: Columbia (France) 33FCX 494/33FC 25009
LP: Columbia (Italy) 33QCX 10276
LP: Columbia (USA) ML 4633/3216 0320
LP: EMI RLS 749/HQM 1210/2C061 01963/
    1C047 01406M/1C197 53780-73786M
CD: EMI CDC 747 5172/CDC 769 8002/
    CZS 767 1632

Geneva
29 September
1950

Unpublished radio broadcast

toccata in c, arranged by busoni

Paris
25 June
1936

Unpublished test recording
<u>Brief improvisation on motif only</u>

BELA BARTOK (1881-1945)

piano concerto no 3

Baden-Baden	Südwestfunk	Unpublished radio broadcast
30 May	Orchestra	Second movement only
1948	Sacher	CD: Archiphon ARC 112-113

LUDWIG VAN BEETHOVEN (1770-1827)

cello sonata no 3, first movement only

Zürich	Janigro	Columbia unpublished
24 May		Test recording
1947		

JOHANNES BRAHMS (1833-1897)

intermezzo in a minor op 116 no 2

Bucharest CD: Archiphon ARC 112-113
April
1941

intermezzo in e flat op 117 no 1

Bucharest Unpublished radio broadcast
April
1941

intermezzo in b flat minor op 117 no 2

Paris Unpublished test recording
25 June
1936

intermezzo in e flat minor op 118 no 6

Paris Unpublished test recording
25 June
1936

liebeslieder waltzes op 52

Paris	Boulanger,	78: HMV (France) DB 5057-5059
20 February	Polignac, Kedroff,	CD: Pearl GEMMCD 9994
1937-	Cuénod, Conrad	CD: EMI CDH 566 4252
22 January		
1938		

7 waltzes for piano duet from op 39

Paris Boulanger 78: HMV (France) DB 5061
25 March LP: EMI 2C051 01696
1937 CD: CDH 763 0382/CDH 566 4252/
  CZS 767 1632

FREDERIC CHOPIN (1810-1849)

piano concerto no 1

Zürich 7 February 1950	Tonhalle-Orchester Ackermann	LP: Jecklin 541 CD: Jecklin 5412 CD: EMI CDH 763 4972/CZS 767 1632 Prior to the publication of this performance, a recording of the work attributed to Lipatti but actually performed by Czerny-Stefanska and the Czech Philharmonic Orchestra conducted by Smetacek was issued on Columbia (Germany) C80934, Angel 60007 and EMI RLS 749/HQM 1248/1C 047 01716M; this Czerny-Stefanska recording was published with its proper attribution on Eurodisc CD 230 729.250

piano sonata no 3

London
1-4
March
1947

78: Columbia LX 994-996/LX 8560-8562 auto
78: Columbia (France) LFX 766-768
78: Columbia (Italy) GQX 11123-11125
LP: Columbia 33CX 1337
LP: Columbia (France) 33FCX 493/
    33FCX 30098
LP: Columbia (Germany) C 60624
LP: Columbia (Italy) 33QCX 10213
LP: Columbia (USA) ML 4721/3216 0369
LP: EMI RLS 749/HQM 1163/2C061 01282/
    1C047 01282M/1C197 53780-53786M
CD: EMI CDH 763 0382/CZS 767 1632

barcarolle in f sharp minor

London
17-21
April
1948

78: Columbia LX 1437
78: Columbia (France) LFX 1024
LP: Columbia 33CX 1386
LP: Columbia (France) 33FCX 493/
    33FCX 30098
LP: Columbia (Italy) 33QCX 10276
LP: Columbia (USA) ML 4721
LP: EMI RLS 749/HQM 1163/2C061 01282/
    1C047 01282M/1C197 53780-53786M
CD: CDC 747 3902/CDH 769 8022/
    CDH 566 2222/CZS 767 1632
<u>Takes made on 21 April were not used</u>

etude in g flat op 10 no 5

Bucharest
28 April
1941

CD: Archiphon ARC 112-113

Zürich
7 February
1950

LP: Turnabout THS 65111
LP: Jecklin 541
CD: Jecklin 5412
CD: Archiphon ARC 112-113
CD: EMI CZS 767 1632

etude in e minor op 25 no 5

Zürich
7 February
1950

LP: Turnabout THS 65111
LP: Jecklin 541
CD: Jecklin 5412
CD: Archiphon ARC 112-113
CD: EMI CZS 767 1632

mazurka in c sharp minor op 50 no 3

Geneva
11 July
1950
	78: Columbia LX 1346
	78: Columbia (France) LFX 964
	LP: Columbia 33CX 1386
	LP: Columbia (France) 33FCX 493/
	    33FCX 30098
	LP: Columbia (USA) ML 4271
	LP: EMI RLS 749/HQM 1248/2C061 01282/
	    1C047 01282M/1C197 53780-53786M
	CD: EMI CDC 747 3902/CDH 769 8022/
	    CDH 566 2222/CZS 767 1632

nocturne in d flat op 27 no 2

London
20 February
1947
	78: Columbia LB 63
	78: Columbia (France) LF 258
	78: Columbia (Italy) GQ 7233
	45: Columbia SEB 3511
	45: Columbia (Italy) SEDQ 151
	LP: Columbia (France) 33FCX 493/
	    33FCX 30098
	LP: Columbia (USA) ML 4732
	LP: EMI RLS 749/HQM 1248/2C061 01282/
	    1C047 01282M/1C197 53780-53786M
	CD: EMI CDC 747 3902/CDH 769 8022/
	    CDH 566 2222/CZS 767 1632

Zürich 7 February 1950	LP: Turnabout THS 65111 LP: Jecklin 541 CD: Jecklin 5412

nocturne for cello and piano

Zürich 24 May 1947	Janigro	Columbia unpublished Test recording

valse in e flat op 18

Geneva
9 July
1950

78: Columbia LX 1341
78: Columbia (France) LFX 959
78: Columbia (Norway) LNX 2005
45: Columbia SEB 3506
45: Columbia (France) ESBF 130/ESBF 17111
45: Columbia (Italy) SEBQ 130
LP: Columbia 33CX 1032
LP: Columbia (France) 33FCX 156/33FCX 492/ 33FCX 30097
LP: Columbia (Germany) C 80643
LP: Columbia (Italy) 33QCX 156
LP: Columbia (Austria) 33VCX 531
LP: Columbia (USA) ML 4522/3216 0058
LP: Angel 60207
LP: EMI HLM 7075/2C061 00167/ 1C047 00167M/1C197 53780-53786M
CD: EMI CDC 747 8902/CDH 769 8022/ CDH 566 2222/CZS 767 1632

Besançon
16 September
1950

LP: Columbia 33CX 1500
LP: Angel 3556
LP: EMI RLS 761/1C147 00463-00464M
CD: EMI CDH 565 1662

valse in a flat op 34 no 1

Bucharest
28 April
1941

Unpublished radio broadcast

Zürich
4-6
July
1946

Columbia unpublished
Matrix damaged

Geneva
6-8
July
1947

Columbia unpublished

London
24 September
1947

78: Columbia LX 1032
78: Columbia (France) LFX 813
78: Columbia (Italy) GQX 11166
LP: EMI RLS 749/HQM 1248

Geneva
6-8
July
1950

78: Columbia LX 1341
78: Columbia (France) LFX 959
78: Columbia (Norway) LNX 2005
45: Columbia SEL 1660/SEB 3508
45: Columbia (France) ESBF 164/ESBF 17111
45: Columbia (Italy) SEBQ 141
LP: Columbia 33CX 1032
LP: Columbia (France) 33FCX 156/33FCX 492/ 33FCX 30097
LP: Columbia (Germany) C 80643
LP: Columbia (Austria) 33VCX 531
LP: Columbia (USA) NL 4522/3216 0058
LP: EMI HLM 7075/2C061 00167/ 1C047 00167M/1C197 53780-73786M
CD: EMI CDC 747 8902/CDH 769 8022/ CDH 566 2222/CZS 767 1632

272 Lipatti

valse in a minor op 34 no 2

Geneva
3-12
July
1950
	78: Columbia LX 1342
	78: Columbia (France) LFX 960
	78: Columbia (Norway) LNX 2006
	45: Columbia SEB 3506
	45: Columbia (France) ESBF 130/ESBF 17112
	45: Columbia (Italy) SEBQ 130
	LP: Columbia 33CX 1032
	LP: Columbia (France) 33FCX 156/33FCX 492/
	    33FCX 30097
	LP: Columbia (Germany) C 80643
	LP: Columbia (Italy) 33QCX 156
	LP: Columbia (Austria) 33VCX 531
	LP: Columbia (USA) ML 4522/3216 0058
	LP: EMI HLM 7075/2C061 00167/
	    1C047 00167M/1C197 53780-53786M
	CD: EMI CDC 747 8902/CDH 769 8022/
	    CDH 566 2222/CZS 767 1632

Geneva 27 July 1950	Unpublished radio broadcast
Besançon 16 September 1950	LP: Columbia 33CX 1500 LP: Angel 3556 LP: EMI RLS 761/1C147 00463-00464M CD: EMI CDH 565 1662

valse in f op 34 no 3

Geneva
9 July
1950

78: Columbia LX 1342
78: Columbia (France) LFX 960
78: Columbia (Norway) LNX 2006
45: Columbia SEL 1668/SEB 3509
45: Columbia (France) ESBF 163/ESBF 17112
45: Columbia (Italy) SEBQ 144
LP: Columbia 33CX 1032
LP: Columbia (France) 33FCX 156/33FCX 492/
    33FCX 30097
LP: Columbia (Germany) C 80643
LP: Columbia (Italy) 33QCX 156
LP: Columbia (Austria) 33VCX 531
LP: Columbia (USA) ML 4522/3216 0058
LP: EMI HLM 7075/2C061 00167/
    1C047 00167M/1C197 53780-53786M
CD: EMI CDC 747 8902/CDH 769 8022/
    CDH 566 2222/CZS 767 1632

Besançon
16 September
1950

LP: Columbia 33CX 1500
LP: Angel 3556
LP: EMI RLS 761/1C147 00463-00464M
CD: EMI CDH 565 1662

valse in a flat op 42

Geneva
3-11
July
1950

78: Columbia LX 1343
78: Columbia (France) LFX 961
78: Columbia (Norway) LNX 2007
45: Columbia 1668/SEB 3509
45: Columbia (France) ESBF 163
45: Columbia (Italy) SEBQ 144
LP: Columbia 33CX 1032
LP: Columbia (France) 33FCX 156/33FCX 492/
    33FCX 30097
LP: Columbia (Germany) C 80643
LP: Columbia (Italy) 33QCX 156
LP: Columbia (Austria) 33VCX 531
LP: Columbia (USA) ML 4522/3216 0058
LP: EMI HLM 7075/2C061 00167/
    1C047 00167M/1C197 53780-53786M
CD: EMI CDC 747 8902/CDH 769 8022/
    CDH 566 2222/CZS 767 1632

Besançon
16 September
1950

LP: Columbia 33CX 1500
LP: Angel 3556
LP: EMI RLS 761/1C147 00463-00464M
CD: EMI CDH 565 1662

274 Lipatti

valse in d flat op 64 no 1

Geneva
3-6
July
1950

78: Columbia LX 1343
78: Columbia (France) LFX 961
78: Columbia (Norway) LNX 2007
45: Columbia SEB 3506
45: Columbia (France) ESBF 130/ESBF 17113
45: Columbia (Italy) SEBQ 130
LP: Columbia 33CX 1032
LP: Columbia (France) 33FCX 156/33FCX 492/
 33FCX 30097
LP: Columbia (Germany) C 80643
LP: Columbia (Italy) 33QCX 156
LP: Columbia (Austria) 33VCX 531
LP: Columbia (USA) ML 4522/3216 0058
LP: Angel 60207
LP: EMI HLM 7075/2C061 00167/
 1C047 00167M/1C197 53780-53786M
CD: EMI CDC 747 8902/CDH 769 8022/
 CDH 566 2222/CZS 767 1632

Besançon
16 September
1950

LP: Columbia 33CX 1500
LP: Angel 3556
LP: EMI RLS 761/1C147 00463-00464M
CD: EMI CDH 565 1662

valse in c sharp minor op 64 no 2

Geneva
3 July
1950

78: Columbia LX 1344
78: Columbia (France) LFX 961
78: Columbia (Norway) LNX 2008
45: Columbia SEL 1668/SEB 3509
45: Columbia (France) ESBF 163/ESBF 17113
45: Columbia (Italy) SEBQ 144
LP: Columbia 33CX 1032
LP: Columbia (France) 33FCX 156/33FCX 492/
 33FCX 30097
LP: Columbia (Germany) C 80643
LP: Columbia (Italy) 33QCX 156
LP: Columbia (Austria) 33VCX 531
LP: Columbia (USA) ML 4522/3216 0058
LP: EMI HLM 7075/2C061 00167/
 1C047 00167M/1C197 53780-53786M
CD: EMI CDC 747 8902/CDH 769 8022/
 CDH 566 2222/CZS 767 1632

Besançon
16 September
1950

LP: Columbia 33CX 1500
LP: Angel 3556
LP: EMI RLS 761/1C147 00463-00464M
CD: EMI CDH 565 1662

valse in a flat op 64 no 3

Geneva
3-6
July
1950

78: Columbia LX 1343
78: Columbia (France) LFX 961
78: Columbia (Norway) LNX 2008
45: Columbia SEB 3511
45: Columbia (France) ESBF 17113
45: Columbia (Italy) SEBQ 131
LP: Columbia 33CX 1032
LP: Columbia (France) 33FCX 156/33FCX 492/
    33FCX 30097
LP: Columbia (Germany) C 80643
LP: Columbia (Italy) 33QCX 156
LP: Columbia (Austria) 33VCX 531
LP: Columbia (USA) ML 4522/3216 0058
LP: EMI HLM 7075/2C061 00167/
    1C047 00167M/1C197 53780-53786M
CD: EMI CDC 747 8902/CDH 769 8022/
    CDH 566 2222/CZS 767 1632

Besançon
16 September
1950

LP: Columbia 33CX 1500
LP: Angel 3556
LP: EMI RLS 761/1C147 00463-00464M
CD: EMI CDH 565 1662

valse in a flat op 69 no 1

Geneva
3 July
1950

78: Columbia LX 1344
78: Columbia (France) LFX 962
78: Columbia (Norway) LNX 2008
45: Columbia SEL 1668/SEB 3509
45: Columbia (France) ESBF 163/ESBF 17114
45: Columbia (Italy) SEBQ 144
LP: Columbia 33CX 1032
LP: Columbia (France) 33FCX 156/33FCX 492/
    33FCX 30097
LP: Columbia (Germany) C 80643
LP: Columbia (Italy) 33QCX 156
LP: Columbia (Austria) 33VCX 531
LP: Columbia (USA) ML 4522/3216 0058
LP: EMI HLM 7075/2C061 00167/
    1C047 00167M/1C197 53780-53786M
CD: EMI CDC 747 8902/CDH 769 8022/
    CDH 566 2222/CZS 767 1632

Besançon
16 September
1950

LP: Columbia 33CX 1500
LP: Angel 3556
LP: EMI RLS 761/1C147 00463-00464M
CD: EMI CDH 565 1662

valse in b minor op 69 no 2

Geneva
3-12
July
1950

78: Columbia LX 1345
78: Columbia (France) LFX 963
78: Columbia (Norway) LNX 2009
45: Columbia SEL 1660/SEB 3508
45: Columbia (France) ESBF 164/ESBF 17114
45: Columbia (Italy) SEBQ 141
LP: Columbia 33CX 1032
LP: Columbia (France) 33FCX 156/33FCX 492/ 33FCX 30097
LP: Columbia (Germany) C 80643
LP: Columbia (Italy) 33QCX 156
LP: Columbia (Austria) 33VCX 531
LP: Columbia (USA) ML 4522/3216 0058
LP: EMI HLM 7075/2C061 00167/ 1C047 00167M/1C197 53780-53786M
CD: EMI CDC 747 8902/CDH 769 8022/ CDH 566 2222/CZS 767 1632

Besançon
16 September
1950

LP: Columbia 33CX 1500
LP: Angel 3556
LP: EMI RLS 761/1C147 00463-00464M
CD: EMI CDH 565 1662

valse in g flat op 70 no 1

Geneva
3 July
1950

78: Columbia LX 1345
78: Columbia (France) LFX 963
78: Columbia (Norway) LNX 2009
45: Columbia SEB 3506
45: Columbia (France) ESBF 130/ESBF 17114
45: Columbia (Italy) SEBQ 130
LP: Columbia 33CX 1032
LP: Columbia (France) 33FCX 156/33FCX 492/ 33FCX 30097
LP: Columbia (Germany) C 80643
LP: Columbia (Italy) 33QCX 156
LP: Columbia (Austria) 33VCX 531
LP: Columbia (USA) ML 4522/3216 0058
LP: EMI HLM 7075/2C061 00167/ 1C047 00167M/1C197 53780-53786M
CD: EMI CDC 747 8902/CDH 769 8022/ CDH 566 2222/CZS 767 1632

Besançon
16 September
1950

LP: Columbia 33CX 1500
LP: Angel 3556
LP: EMI RLS 761/1C147 00463-00464M
CD: EMI CDH 565 1662

valse in f minor op 70 no 2

Geneva
3-12
July
1950

78: Columbia LX 1345
78: Columbia (France) LFX 963
78: Columbia (Norway) LNX 2009
45: Columbia SEL 1660/SEB 3508
45: Columbia (France) ESBF 164/ESBF 17115
45: Columbia (Italy) SEBQ 141
LP: Columbia 33CX 1032
LP: Columbia (France) 33FCX 156/33FCX 492/ 33FCX 30097
LP: Columbia (Germany) C 80643
LP: Columbia (Italy) 33QCX 156
LP: Columbia (Austria) 33VCX 531
LP: Columbia (USA) ML 4522/3216 0058
LP: EMI HLM 7075/2C061 00167/ 1C047 00167M/1C197 53780-53786M
CD: EMI CDC 747 8902/CDH 769 8022/ CDH 566 2222/CZS 767 1632

Besançon
16 September
1950

LP: Columbia 33CX 1500
LP: Angel 3556
LP: EMI RLS 761/1C147 00463-00464M
CD: EMI CDH 565 1662

valse in d flat op 70 no 3

Geneva
9 July
1950

78: Columbia LX 1342
78: Columbia (France) LFX 960
78: Columbia (Norway) LNX 2006
45: Columbia SEB 3511
45: Columbia (Italy) SEBQ 131
LP: Columbia 33CX 1032
LP: Columbia (France) 33FCX 156/33FCX 492/ 33FCX 30097
LP: Columbia (Germany) C 80643
LP: Columbia (Italy) 33QCX 156
LP: Columbia (Austria) 33VCX 531
LP: Columbia (USA) ML 4522/3216 0058
LP: EMI HLM 7075/2C061 00167/ 1C047 00167M/1C197 53780-53786M
CD: EMI CDC 747 8902/CDH 769 8022/ CDH 566 2222/CZS 767 1632

Besançon
16 September
1950

LP: Columbia 33CX 1500
LP: Angel 3556
LP: EMI RLS 761/1C147 00463-00464M
CD: EMI CDH 565 1662

valse in e minor op posth.

Geneva
12 July
1950

78: Columbia LX 1346
78: Columbia (France) LFX 964
78: Columbia (Norway) LNX 2010
45: Columbia SEL 1660/SEB 3508
45: Columbia (France) ESBF 164/ESBF 17115
45: Columbia (Italy) SEBQ 141
LP: Columbia 33CX 1032
LP: Columbia (France) 33FCX 156/33FCX 492/
33FCX 30097
LP: Columbia (Germany) C 90643
LP: Columbia (Italy) 33QCX 156
LP: Columbia (Austria) 33VCX 531
LP: Columbia (USA) ML 4522/3216 0058
LP: EMI HLM 7075/2C061 00167/
1C047 00167M/1C197 53780-53786M
CD: EMI CDC 747 8902/CDH 769 8022/
CDH 566 2222/CZS 767 1632

Besançon
16 September
1950

LP: Columbia 33CX 1500
LP: Angel 3556
LP: EMI RLS 761/1C147 00463-00464M
CD: EMI CDH 565 1662

GEORGE ENESCU (1881-1955)

piano sonata in d

Bern
18 October
1943

LP: EMI 2C051 01696
CD: EMI CZS 767 1632

violin sonata no 2

Bucharest   Enescu
13 March
1943

78: Discoteca ECE 0767
LP: Electrecord ECD 61
LP: Déesse DDLX 40-41
LP: Everest SDBR 3413
CD: Philips 426 1002

violin sonata no 3

Bucharest   Enescu
11 March
1943

78: Discoteca ECE 0767
LP: Electrecord ECD 95
LP: Déesse DDLX 40-41
LP: Everest SDBR 3413
CD: Philips 426 1002

bourrée from suite pour le piano

Bucharest
2 March
1943

78: Discoteca ECE 0766
LP: Electrecord DP 80311.8041
LP: Everest SDBR 3413
CD: Philips 426 1002
<u>Lipatti recorded Toccata movement from this suite but recording has been lost, as was a recording of Enescu's Impressions d'Europe for violin and piano</u>

presto from piano sonata in f sharp minor

Paris
25 June
1936

CD: Archiphon ARC 112-113

GABRIEL FAURE (1845-1924)

mélodie pour violoncello et piano "après un rêve"

Zürich 24 May 1947	Janigro	CD: Archiphon ARC 112-113

EDVARD GRIEG (1843-1907)

piano concerto

London
18-19
September
1947
	Philharmonia
	Galliera
		78: Columbia LX 1029-1032/
		    LX 8579-8582 auto
		78: Columbia (France) LFX 810-813
		78: Columbia (Italy) GQX 11163-11166
		LP: Columbia 33C 1040
		LP: Columbia (France) 33FCX 322/33FCX 491/
		    33FCX 30096
		LP: Columbia (Germany) C 70095/33WC 1040
		LP: Columbia (Italy) 33QCX 322/
		    33QCX 5026/33QCX 10213
		LP: Columbia (USA) 4525/3216 0141
		LP: EMI HLM 7046/XLP 30072/2C061 00770/
		    2C051 43321/1C047 00770M/100 7701/
		    1C197 53780-53786M
		CD: EMI CDH 763 4972/CZS 767 1632

DINU LIPATTI (1917-1950)

concertino in classical style for piano and orchestra

Berlin	Berlin Chamber	78: Discoteca ECE 0766
14 January	Orchestra	LP: Electrecord ECD 1278
1943	Benda	LP: Déesse DDLX 40-41
		LP: Everest SDBR 3413
		CD: Philips 426 1002

sonatina for piano left hand

Bucharest	78: Discoteca ECE 0766
4 March	LP: Electrecord ECD 1278
1943	LP: Déesse DDLX 40-41
	LP: Everest SDBR 3413
	CD: Philips 426 1002

282 Lipatti

FRANZ LISZT (1811-1886)

piano concerto no 1

Geneva 6 June 1947	Suisse Romande Orchestra Ansermet	CD: Archiphon ARC 112-113

etude de concert no 2 "la leggierezza"

Zürich
4-6
July
1946
    Columbia unpublished
    <u>Matrix damaged but a tape</u>
    <u>supposedly survives</u>

London
25 September
1947
    CD: Archiphon ARC 112-113
    <u>First 2 bars missing from recording</u>

gnomenreigen

Bucharest
28 April
1941
    CD: Archiphon ARC 112-113

petrarch sonnet no 104/années de pèlerinage

London
15 October
1946
    Columbia unpublished

London
24 September
1947
    78: Columbia LB 68
    78: Columbia (France) LF 279
    45: Columbia SEB 3501
    45: Columbia (France) ESBF 108
    45: Columbia (Italy) SEBQ 106
    LP: Columbia (France) 33FCX 495
    LP: Columbia (Germany) C 80963
    LP: Columbia (USA) ML 2216
    LP: EMI HQM 1163/RLS 749/2C051 01696/
    1C049 01811M/1C197 53780-53786M
    CD: EMI CDH 763 0382/CZS 767 1632

WOLFGANG AMADEUS MOZART (1756-1791)

piano concerto no 21

Lucerne	Lucerne Festival	LP: Columbia 33C 1064
23 August	Orchestra	LP: Columbia (Germany) C 60714
1950	Karajan	LP: EMI RLS 749/2C051 03713/155 0963
		CD: EMI CDH 769 7922/CZS 767 1632

piano sonata no 8

Geneva
9 July
1950

78: Columbia LX 8788-8789
78: Columbia (France) LFX 1005-1006
78: Columbia (Italy) GQX 8031-8032
LP: Columbia 33C 1021
LP: Columbia (France) 33FC 1023/33FCX 494
LP: Columbia (Germany) C 60600/33WC 1021
LP: Columbia (Italy) 33QC 5013
LP: Columbia (USA) ML 4633/3216 0320
LP: EMI RLS 749/HQM 1210/2C061 01963/
    1C047 01406M/1C197 53780-53786M
CD: EMI CDC 747 5172/CDH 769 8002/
    CZS 767 1632

Besançon
16 September
1950

LP: Columbia 33CX 1499
LP: Angel 3556
LP: EMI RLS 761/1C147 00463-00464M
CD: EMI CDH 565 1662

MAURICE RAVEL (1875-1937)

alborada del gracioso/miroirs

London
17 April
1948
	78: Columbia LB 70
	78: Columbia (France) LF 269
	45: Columbia SEB 3501
	45: Columbia (France) ESBF 108
	45: Columbia (Italy) SEBQ 106
	LP: Columbia 33CX 1386
	LP: Columbia (France) 33FCX 495
	LP: Columbia (Italy) 33QCX 10276
	LP: Columbia (USA) ML 2216
	LP: EMI RLS 749/HQM 1163/HLM 7008/
	    2C051 01696/1C049 01811M/
	    1C197 53780-53786M
	CD: EMI CDH 763 0382/CZS 767 1632

pièce en forme de habanera for cello and piano

Zürich 24 May 1947	Janigro	CD: Archiphon ARC 112-113

NIKOLAI RIMSKY-KORSAKOV (1844-1908)

flight of the bumble bee, arranged for cello and piano

Zürich 24 May 1947	Janigro	CD: Archiphon ARC 112-113

DOMENICO SCARLATTI (1685-1757)

sonata in e l.23

London
27 September
1947
	78: Columbia LB 113
	78: Columbia (Italy) GQ 7247
	LP: Columbia 33CX 1386
	LP: Columbia (France) 33FCX 495
	LP: Columbia (Italy) 33QCX 10276
	LP: Columbia (USA) ML 2216
	LP: EMI RLS 749/HQM 1163/2C051 01696/
	    1C047 01406M/1C197 53780-53786M
	CD: EMI CDC 747 5172/CDH 769 8002/
	    CZS 767 1632

sonata in g l.387

Bucharest 28 April 1941	CD: Archiphopn ARC 112-113

sonata in d l.413

London
20 February
1947
	78: Columbia LB 113/LC 30
	78: Columbia (France) LF 253
	78: Columbia (Italy) GQ 7232/GQ 7247
	78: Columbia (Switzerland) LZ 9
	LP: Columbia 33CX 1386
	LP: Columbia (France) 33FCX 495
	LP: Columbia (Italy) 33QCX 10276
	LP: Columbia (Germany) C 90514
	LP: Columbia (USA) ML 2216
	LP: EMI RLS 749/HQM 1163/2C051 01696/
	    1C047 01406M/1C197 53780-53786M
	CD: EMI CDC 747 5172/CDH 769 8002/
	    CZS 767 1632

FRANZ SCHUBERT (1797-1828)

impromptu in e flat d899

Besançon 16 September 1950	LP: Columbia 33CX 1499 LP: Angel 3556 LP: EMI RLS 761/2C051 01696/ 1C147 00463-00464M CD: EMI CDH 565 1662/CZS 767 1632

impromptu in g flat d899

Besançon 16 September 1950	LP: Columbia 33CX 1499 LP: Angel 3556 LP: EMI RLS 761/2C051 01696/ 1C147 00463-00464M CD: EMI CDH 565 16662/CZS 767 1632

ROBERT SCHUMANN (1810-1856)

piano concerto

London
9-10
April
1948
	Philharmonia
	Karajan
		78: Columbia LX 1110-1113/
		    LX 8624-8627 auto/LCX 8012-8015
		78: Columbia (Italy) GQX 11207-11210
		LP: Columbia 33C 1001
		LP: Columbia (France) 33FC 1016/33FCX 322/
		    33FCX 491/33FCX 30096
		LP: Columbia (Germany) C 70082/33WC 1001
		LP: Columbia (Italy) 33QC 1016/33QCX 322
		LP: Columbia (Austria) 33VC 803
		LP: Columbia (USA) ML 2195/ML 4525/
		    3216 0141
		LP: EMI HLM 7046/XLP 30072/2C051 03713/
		    1C047 00770M/1C197 53780-53786M/
		    100 7701
		CD: EMI CDH 769 7922/CZS 767 1632

Geneva 22 February 1950	Suisse Romande Orchestra Ansermet	LP: Decca 417 4641 CD: Decca 425 9682

etudes symphoniques

Bucharest 28 April 1941	Unpublished radio broadcast <u>No 9 only</u> CD: Archiphon ARC 112-113

<u>In their study of Lipatti (Kahn & Averill/London 1988), Dragos Tanasescu and Grigore Bargauanu mention a recording made in Bucharest in 1940-1941 in which Dinu and Madeleine Lipatti perform Duettino concertante for 2 pianos by Mozart-Busoni: further details could not be established</u>

Artur Rubinstein
1887-1982

With best wishes —
Arthur Rubinstein
15-6-58

ISAAC ALBENIZ (1860-1909)

el albaicin/ibéria

1919	Duo Art piano roll 6204

cordoba/cantos de espana

1919	Ampico piano roll 574 46H
London 23 January 1929	78: HMV DB 1266 78: Victor 7248 LP: EMI 1C027 143 5551
New York 22 October 1953	LP: Victor LM 2181/RB 16067 CD: RCA/BMG 09026 612612

evocación/ibéria

1919	Duo Art piano roll 6378/D 491
London 23 January 1929	78: HMV DB 1266 78: Victor 7249 LP: EMI 1C027 143 5551/ 1C151 03244-03245
New York 27 December 1955	CD: Victor 09026 612612

navarra, arranged by séverac

London 23 January 1929	78: HMV DB 78: Victor CD: Pearl GEMMCD 9464 CD: Grammofono AB 78539
New York 17 June 1941	78: Victor 11-8622 CD: RCA/BMG 09026 612612
New York 10 December 1961	LP: Victor ARL1-3850/RL 13850 CD: RCA/BMG GD 85670/90926 614452

sevillanas/suite espanola

1919	Duo Art piano roll 6298/D 489
London 23 January 1929	78: HMV DB 1257 78: Victor 7249 LP: EMI 1C151 03244-03245 CD: Grammofono AB 78539
New York 6 November 1953	CD: RCA/BMG 09026 612612

triana/ibéria

1919	Ampico piano roll 575 56H
London 15 December 1931	78: HMV DB 1762 78: Victor 7853

JOHANN SEBASTIAN BACH (1685-1750)

chaconne from violin partita no 2, arranged by busoni

New York
June
1970

LP: Victor ARL1-3342/RL 13342
CD: RCA/BMG GD 85673/09026 625902

toccata adagio and fugue in c, arranged by busoni

London
26-28
November
1934

78: HMV DB 2421-2422
78: Victor 8895-8896
LP: EMI 1C027 143 5551

LUDWIG VAN BEETHOVEN (1770-1827)

piano concerto no 1

New York 16 December 1956	Symphony of the Air Krips	LP: Victor LM 2120/LM 6702/LSC 2120/ LSC 6702/RB 16041/SB 2046/GL 42746 CD: RCA/BMG 09026 612602
Boston 20-21 October 1967	Boston SO Leinsdorf	LP: Victor SRS 3006/SER 5614-5617/ LSC 3013/VCS 6417 CD: RCA/BMG RD 85674/09026 680832
London 9-11 March 1975	LPO Barenboim	LP: ARD5-1415/CRL5-1415/ ARL1-1416/ARL1-4408

piano concerto no 2

New York 14 December 1956	Symphony of the Air Krips	LP: Victor LM 2121/LM 6702/LSC 2121/ LSC 6702/RB 16042/GL 42746 CD: RCA/BMG 09026 612602
Boston 21 December 1967	Boston SO Leinsdorf	LP: Victor SRS 3006/SER 5614-5617/ LSC 2947/VCS 6417/ARL1-4349 CD: RCA/BMG RD 85675
London 9-11 March 1975	LPO Barenboim	LP: Victor ARD5-1415/CRL5-1415/ ARL1-4711

piano concerto no 3

New York 29 October 1944	NBC SO Toscanini	78: Victor M 1016 78: HMV DB 9483-9486 45: Victor WCT 13 LP: Victor LCT 1009/RL 42860/AT 1016 CD: RCA/BMG RD 85756/GD 60261/ 09026 602612 Also issued on LP by Franklin Mint

New York
6 December
1956
	Symphony
	of the Air
	Krips
		LP: Victor LM 2122/LM 6702/LSC 2122/
		  LSC 6702/RB 16043/SB 2008/
		  AGL1-5237/GL 42746
		CD: RCA/BMG 09026 612602

Boston 5-6 June 1965	Boston SO Leinsdorf	LP: Victor SRS 3006/SER 5614-5617/ LSC 2947/SB 6787/VCS 6417/SAR 22066 CD: RCA/BMG RD 85675
London 7 December 1967	LPO Dorati	CD: Arkadia CD 567/CDHP 567
Amsterdam August 1973	Concertgebouw Orchestra Haitink	VHS Video: Decca 071 2093 Laserdisc: Decca 071 2091
London 9-11 March 1975	LPO Barenboim	LP: Victor ARD5-1415/CRL5-1415/ ARL1-1418/RL 11418

Rubinstein

piano concerto no 4

London 30 September 1947	RPO Beecham	78: HMV DB 6732-6735/DB 9405-9408 auto 78: Victor M 1345 45: Victor WDM 1345/WCT 48 LP: Victor LCT 1032/LVT 1002 LP: World Records SHB 100 LP: EMI 1C137 154 4273
New York 22 April 1951	NYPSO Mitropoulos	CD: As-Disc AS 532 CD: Legends LGD 102
New York 6-7 June 1956	Symphony of the Air Krips	LP: Victor LM 2123/LM 6702/LSC 2123/ LSC 6702/RB 16044/SB 2017/GL 42746 CD: RCA/BMG 09026 612602
Boston 20 April 1964	Boston SO Leinsdorf	LP: Victor SRS 3006/SER 5614-5617/ LM 2848/LSC 2848/SB 6787/ VCS 6417/AGL1-4349 CD: RCA/BMG RD 85676/09026 680832
London 7 December 1967	LPO Dorati	CD: Arkadia CD 567/CDHP 567
London 10-11 March 1975	LPO Barenboim	LP: Victor ARD5-1415/CRL5-1415/ ARL1-1419/GL 81419

piano concerto no 5 "emperor"

New York 14 December 1956	Symphony of the Air Krips	LP: CD:	Victor LM 2124/LM 6702/LSC 2124/ LSC 6702/RB 16045/SB 2015/GL 42746 RCA/BMG 09026 612602
Boston 4 April 1963	Boston SO Leinsdorf	LP: CD:	Victor SRS 3006/SER 5614-5617/ LM 2733/LSC 2733/RB 6598/SB 6598/ VCS 6417/SHZT 549/AGL1-4220/ CRL3-0725 RCA/BMG RD 85676
London 7 December 1967	LPO Dorati	CD:	Arkadia DC 567/CDHP 567
London 10-11 March 1975	LPO Barenboim	LP: CD:	Victor ARD5-1415/CRL5-1415/ ARL1-1420/RL 11420/RL 43195/ GL 90023/GL 81420 RCA/BMG RD 89389

piano sonata no 3

New York　　　　　　　　　　　　LP: Victor LM 2812/LSC 2812/
24 January　　　　　　　　　　　　　　RB 6633/SB 6633
1963

piano sonata no 8 "pathétique"

New York　　　　　　　　　　　　78: Victor M 1102
26-27　　　　　　　　　　　　　　45: Victor WDM 1102
August　　　　　　　　　　　　　LP: Victor LM 1071
1946

New York　　　　　　　　　　　　LP: Victor LM 1908/RB 16004
28 December
1954

New York　　　　　　　　　　　　LP: Victor LM 2654/LSC 2654/LSC 3307/
April　　　　　　　　　　　　　　　　LSC 4001/RB 6537/SB 6537
1962　　　　　　　　　　　　　　CD: RCA/BMG RD 85674/09026 614432/
　　　　　　　　　　　　　　　　　　09026 625612

piano sonata no 14 "moonlight"

New York
6 April
1962

LP: Victor LM 2654/LSC 2654/LSC 3307/
    LSC 4001/RB 6537/SB 6537
CD: RCA/BMG RD 85674/09026 614432/
    09026 625612

piano sonata no 18

New York
23 May
1945

78: Victor M 1018
45: Victor WDM 1018
<u>Recording of third movement only</u>

New York
27-28
August
1946

78: Victor M 1371
45: Victor WDM 1371
LP: Victor LM 1071

New York
29 December
1954

LP: Victor LM 2311/RB 16234
CD: RCA/BMG 09026 612602

New York
21-23
April
1976

LP: Victor ARL1-2397/ARL1-4711/
    RL 12397

piano sonata no 21 "waldstein"

New York
28-30
December
1954

LP: Victor LM 2311/RB 16234

piano sonata no 23 "appassionata"

New York   78: Victor M 1018
22-23   45: Victor WDM 1018/ERB 20
May   LP: Victor LM 1071
1945

New York   LP: Victor LM 1908/RB 16004
30 December
1954

New York   LP: Victor LM 2812/LSC 2812/LSC 3307/
25-30   LSC 4001/RB 6633/SB 6633
January   CD: RCA/BMG 09026 614432/09026 625612
1963

Pasadena   CD: RCA/BMG 09026 611602/74321 104883
15 January   VHS Video: RCA/BMG 09026 611603
1975   Laserdisc: RCA/BMG 09026 611606

piano sonata no 26 "les adieux"

New York   78: Victor M 858
31 December   78: HMV DB 6132-6133
1940

New York   LP: Victor LM 2654/LSC 2654/
April   RB 6537/SB 6537
1962   CD: RCA/BMG 09026 614432/09026 625612

violin sonata no 5 "spring"

New York   Szeryng   LP: Victor LM 2377/LSC 2377/RB 16209/
31 December   SB 2084/SER 5701-5703
1958   CD: RCA/BMG 09026 618612

violin sonata no 8

New York 3 January 1961	Szeryng	LP: Victor LM 2620/LSC 2620/RB 6513/ SB 6513/SER 5701-5703 CD: RCA/BMG 09026 618612

violin sonata no 9 "kreutzer"

New York 30 December 1958	Szeryng	LP: Victor LM 2377/LSC 2377/RB 16209/ SB 2084/SER 5701-5703 CD: RCA/BMG 09026 618612

piano trio no 6 "archduke"

New York 12-13 September 1941	Heifetz, Feuermann	78: Victor M 949 45: Victor WCT 25 LP: Victor LM 7025/LCT 1020/ AGL1-5244/LRM2-5093 LP: HMV ALP 1184 CD: RCA/BMG 09026 609262/09026 617782

JOHANNES BRAHMS (1833-1897)

piano concerto no 1

Chicago 17 April 1954	Chicago SO Reiner	45: Victor ERD 1831 LP: Victor LM 1831/ARL1-2044/ GL 12044/RL 12044 LP: HMV ALP 1297 CD: RCA/BMG RD 85668/09026 612632
Boston 21-22 April 1964	Boston SO Leinsdorf	LP: Victor LM 2917/LSC 2917/VCS 7071/ RB 6726/SB 6726
Tel Aviv April 1976	Israel PO Mehta	LP: Decca SXL 6797 LP: London CS 7018/JL 41069

302 Rubinstein

piano concerto no 2

London 22-23 October 1929	LSO Coates	78: HMV D 1746-1750 78: Victor M 80 LP: EMI 1C137 154 4273 LP: Supraphon 1110 2856 CD: Claremont GSE 785041
Boston 11 August 1952	Boston SO Munch	45: Victor WDM 1728 LP: Victor LM 1728 LP: HMV ALP 1123
New York 4 April 1958	Symphony of the Air Krips	LP: Victor LM 2296/LSC 2296/RB 16183/ SB 2069/VCS 7071 CD: RCA/BMG RD 85671/09026 614422
Warsaw 22 February 1960	Warsaw PO Rowicki	LP: Muza SX 1862 LP: Cetra DOC 10 SX 1862 includes rehearsal sequence
Paris	Orchestre National Markevitch	CD: Disques Montaigne
Turin 4 May 1962	RAI Torino Orchestra Cluytens	LP: Cetra LAR 30 CD: Cetra ARCD 2037 CD: Curcio-Hunt CON 14
Philadelphia 22-23 November 1971	Philadelphia Orchestra Ormandy	LP: Victor LSC 3253/SB 6869/ CRL7-0725/RL 43195

4 ballades op 10

New York 10-12 June 1970	LP: Victor LSC 3186/SB 6845/ ARL2-2359 CD: RCA/BMG RD 85672/09026 618622

ballade in g minor op 118 no 3

New York 17 June 1941	78: Victor 11-8622 78: HMV DB 6315

capriccio in b minor op 76 no 2

1922	Duo Art piano roll 65969/D 99 CD: Nimbus NI 8806
London 9 March 1928	78: HMV DB 1258 78: Victor 7247/36289 LP: EMI 1C151 03244-03245 CD: Pearl GEMMCD 9464 CD: Grammofono AB 78539
New York 6-7 August 1953	LP: Victor LM 1787 LP: HMV ALP 1213
New York 10-12 June 1970	LP: Victor LSC 3186/SB 6845/ ARL2-2359 CD: RCA/BMG 09026 612632

hungarian dance no 4

New York 12 March 1947	78: Victor MO 1149

intermezzo in a minor op 76 no 7

New York 17 June 1941	78: Victor M 893

intermezzo in g minor op 79 no 2

London 3 April 1937	78: HMV DB 3217 78: Victor 14946 LP: EMI 1C151 03244-03245 CD: Grammofono AB 78539
New York 12 March 1947	78: Victor MO 1149
New York 4 August 1953	LP: Victor LM 1787 LP: HMV ALP 1213
New York 10-12 June 1970	LP: Victor LSC 3186/SB 6845 CD: RCA/BMG RD 85671/09026 614422

intermezzo in e minor op 116 no 5

New York 10-12 June 1970	LP: Victor LSC 3186/SB 6845 CD: RCA/BMG 09026 614420

intermezzo in e op 116 no 6

New York 31 December 1959	LP: Victor LM 2459/LSC 2459/RB 16238 CD: RCA/BMG RD 85672/09026 618622

intermezzo in e flat op 117 no 1

New York 5 November 1941	78: Victor M 893

intermezzo in b flat minor op 117 no 2

New York   78: Victor M 893
19 November
1941

New York   LP: Victor LM 1787
3 August   LP: HMV ALP 1213
1953

New York   LP: Victor LSC 3186/SB 6845
10-12   CD: RCA/BMG RD 85671/09026 614422
June
1970

intermezzo in c sharp minor op 117 no 3

New York
3 August   CD: RCA/BMG 09026 625922
1953

intermezzo in a op 118 no 2

1925   Duo Art piano roll 6971-3

New York   78: Victor M 893
26 May
1941

New York   LP: Victor LM 1787
5 August   LP: HMV ALP 1213
1953

intermezzo in e flat minor op 118 no 6

New York   78: Victor M 893
26 May
1941

New York   LP: Victor LM 1787
7 August   LP: HMV ALP 1213
1953   CD: RCA/BMG 09026 625922

New York   LP: Victor LSC 3186/SB 6845
10-12   CD: RCA/BMG 09026 612630
June
1970

intermezzo in e minor op 119 no 2

New York 10 August 1953	LP: Victor LM 1787 LP: HMV ALP 1213 CD: RCA/BMG 09026 625922

intermezzo in c op 119 no 3

New York 17 June 1941	78: Victor M 893
New York 7 August 1953	LP: Victor LM 1787 LP: HMV ALP 1213 CD: RCA/BMG 09026 625922

piano sonata no 3

New York 17 June 1949	45: Victor WDM 1581 LP: Victor LM 1189
New York 17 December 1959	LP: Victor LM 2459/LSC 2459/RB 16238 CD: RCA/BMG RD 85672/09026 618622

rhapsody in b minor op 79 no 1

1923	Duo Art piano roll 6744-4 CD: Nimbus NI 8806
New York 6 June 1941	78: Victor M 893
New York 5 August 1953	LP: Victor LM 1787 LP: HMV ALP 1213
New York 10-12 June 1970	LP: Victor LSC 3186/SB 6845 CD: RCA/BMG 09026 612630

rhapsody in e flat op 119 no 4

New York 6 June 1941	78: Victor M 893
New York 10 August 1953	LP: Victor LM 1787 LP: HMV ALP 1213

romance in f op 118 no 5

New York   LP: Victor LM 2459/LSC 2459/RB 16238/
31 December   ARL2-2359
1959   CD: RCA/BMG RD 85672/09026 618622

cello sonata no 1

London   Piatigorsky   78: HMV DB 2592-2594
6 July   78: Victor M 564
1936   LP: Victor LCT 1119
                                   LP: EMI 1C137 154 4553
                                   LP: Angel 60300
                                   LP: Discocorp RR 406
                                   CD: Music and Arts CD 674
                                   CD: Pearl GEMMCD 9447
                                   CD: Biddulph LAB 086

New York   Piatigorsky   LP: Victor ARL1-2085/RL 12085
11 October   CD: RCA/BMG 09026 625922
1966

cello sonata no 2

New York   Piatigorsky   LP: Victor ARL1-2085/RL 12085
11 October   CD: RCA/BMG 09026 625922
1966

308 Rubinstein

violin sonata no 1

New York 28-29 December 1960	Szeryng	LP: Victor LM 2620/LSC 2620/RB 6513/ SB 6513/SER 5701-5703 CD: RCA/BMG RD 86264

violin sonata no 2

New York 30 December 1960	Szeryng	LP: Victor LM 2619/LSC 2619/RB 6520/ SB 6520/SER 5701-5703

violin sonata no 3

London 15 June 1932	Kochanski	78: HMV DB 1728-1730 78: Victor M 241 LP: EMI 1C137 154 4553 LP: Pearl BVA 1 LP: Discocorp RR 462 CD: Biddulph LAB 086
New York 30 December 1960- 3 January 1961	Szeryng	LP: Victor LM 2619/LSC 2619/RB 6520/ SB 6520/SER 5701-5703 CD: RCA/BMG RD 86264

piano quartet no 1

London 10-11 October 1932	Members of Pro Arte Quartet	78: HMV DB 1813-1816 78: Victor M 234 LP: EMI 1C137 154 4553 LP: Discocorp RR 462 CD: Biddulph LAB 027
New York 27-30 December 1967	Members of Guarneri Quartet	LP: Victor LSC 6168/SER 5628-5630 CD: RCA/BMG GD 85677

piano quartet no 2

New York 27-30 December 1967	Members of Guarneri Quartet	LP: Victor LSC 6168/SER 5628-5630

piano quartet no 3

New York 27-30 December 1967	Members of Guarneri Quartet	LP: Victor LSC 6168/SER 5628-5630 CD: RCA/BMG GD 85677

piano quintet

New York 28-29 December 1966	Guarneri Quartet	LP: Victor LM 2971/LSC 2971/ RB 6737/SB 6737 CD: RCA/BMG RD 85669

piano trio no 1

New York 11-12 December 1941	Heifetz, Feuermann	78: Victor M 883 45: Victor WCT 30 LP: Victor LCT 1022/LVT 1001/ LM 7025/LRM2-5093 LP: HMV BLP 1056 CD: RCA/BMG 09026 617782 CD: Biddulph LAB 086
New York 4-10 September 1972	Szeryng, Fournier	LP: Victor ARL3-0138 CD: RCA/BMG RD 86260

piano trio no 2

New York 4-10 September 1972	Szeryng, Fournier	LP: Victor ARL3-0138 CD: RCA/BMG RD 86260

piano trio no 3

New York 4-10 September 1972	Szeryng, Fournier	LP: Victor ARL3-0138

wiegenlied, arranged by rubinstein

New York 12 March 1947	78: Victor MO 1149
London 1 October 1947	78: HMV DB 6532 LP: EMI 1C151 03244-03245

EMMANUEL CHABRIER (1841-1894)

scherzo-valse/pièces pittoresques

New York
3 April
1963

LP: Victor LM 2751/LSC 2751/RB 6855/
    SB 6855/ARL2-2359
CD: RCA/BMG RD 85665/09026 614462

FREDERIC CHOPIN (1810-1849)

piano concerto no 1

London 5 April 1937	LSO Barbirolli	78: HMV DB 3201-3204 78: Victor M 418 LP: EMI 1C153 50354-50360/1C053 01172 LP: Angel 60381 CD: EMI CDH 764 4912/CHS 764 9332 CD: Grammofono AB 78554/AB 78654-78657 CD: Magic Talent MT 48012 CD: Iron Needle IN 1345/Piano Library PL 19
New York 9 February 1947	NYPSO Walter	CD: As-Disc AS 411 CD: Historical Performers HPS 29 CD: New York Philharmonic NYP 9701 <u>Excerpt</u> CD: New York Philharmonic NYP 9712
Hollywood 12 December 1953	Los Angeles PO Wallenstein	45: Victor ERC 1810 LP: Victor LM 1810 LP: HMV ALP 1250
London 8-9 June 1961	New SO Skrowaczewski	LP: Victor LM 2575/LSC 2575/RB 16183/ SB 2067/VCS 7091/DPS 2034/ CRL5-0725 CD: RCA/BMG RD 85612/09026 608222
Naples 29 April 1964	RAI Napoli Orchestra Caracciolo	CD: Arkadia CD 515/CDHP 515 CD: Virtuoso 269.7102
Warsaw 1966	Polish RO Krenz	CD: Prelude PRE 2165
Amsterdam August 1973	Concertgebouw Orchestra Haitink	VHS Video: Decca 071 2093 Laserdisc: Decca 071 2091

piano concerto no 2

London 8 January 1931	LSO Barbirolli	78: HMV DB 1494-1497 78: Victor M 110 LP: EMI 1C153 50354-50360/1C053 01172 LP: Angel 60381 CD: EMI CDH 764 4912/CHS 764 9332 CD: Grammofono AB 78554/AB 78654-78657 CD: Magic Talent MT 48012 CD: Iron Needle IN 1345 CD: Piano Library PL 197
New York 25 March 1946	NBC SO Steinberg	78: Victor M 1012 45: Victor WDM 1012 LP: Victor LM 1046 LP: HMV ALP 1465
New York 20 January 1958	Symphony of the Air Wallenstein	LP: Victor LM 2265/LSC 2265/RB 16183/ SB 2067/VCS 7091/DPS 2034 CD: RCA/BMG RD 85612/09026 608222/ 74321 341752
Warsaw 22 February 1960	Warsaw PO Rowicki	LP: Muza SX 1861 LP: Grandi concerti GCL 27
London 16 May 1960	Philharmonia Giulini	LP: Replica RPL 2469 CD: Arkadia CD 567/CDHP 567
Warsaw 1966	Polish RO Krenz	CD: Prelude PRE 2165
Philadelphia 1 October 1968	Philadelphia Orchestra Ormandy	LP: Victor LSC 3055/SB 6797/RL 43195 CD: RCA/BMG GD 60404
Croydon 22-24 April 1975	LSO Previn	VHS Video: Decca 071 1003 Laserdisc: Decca 071 1001

<u>Schwann catalogue mentions versions of both Chopin concerti with Rubinstein and unspecified orchestra and conductor published on CD by Memories MEM 3005</u>

Rubinstein

fantasy on polish airs for piano and orchestra

Philadelphia 1 October 1968	Philadelphia Orchestra Ormandy	LP: Victor LSC 3055/SB 6797 CD: RCA/BMG GD 60404

andante spianato and grande polonaise for piano and orchestra

New York 20 January 1958	Symphony of the Air Wallenstein	LP: Victor LM 2265/LSC 2265/RB 16183/ SB 2067/VCS 7091 CD: RCA/BMG GD 60404

andante spianato and grande polonaise, version for solo piano

London 7-8 February 1935	78: HMV DB 2499-2500 78: Victor M 353 LP: EMI 1C153 50354-50360/ 1C187 50357-50358/101 1871 LP: Angel IB 6131 CD: EMI CHS 764 6972/CHS 764 9332 CD: Grammofono AB 78501/AB 78654-78657 CD: Magic Talent MT 48003
New York 14 December 1950	45: Victor WDM 1643 LP: Victor LM 152/LM 2047/LM 6109/LM 6802 LP: HMV BLP 1027
1 February 1960	LP: Paragon LBI 53001 LP: Discocorp BWS 740

New York
23 February
1964
	LP: Victor LM 7037/LSC 7037/LSC 3339/
	    RB 6649/SB 6649/SB 6889/SER 5692
	CD: RCA/BMG GD 85617/RD 89911/
	    GD 60822/09026 688862

ballade no 1

New York
28 April
1959

LP: Victor LM 2370/LSC 2370/LSC 4000/
RB 16206/SB 2082/SB 6874/SER 5692
CD: RCA/BMG RD 89651/GD 60822/
74321 341752

1 February
1960

LP: Paragon LBI 53001
LP: Discocorp BWS 740

ballade no 2

New York
29 April
1959

LP: Victor LM 2370/LSC 2370/RB 16206/
SB 2082/SER 5692
CD: RCA/BMG RD 89651/GD 60822

ballade no 3

1919

Duo Art piano roll 6252-4

New York
29 April
1959

LP: Victor LM 2370/LSC 2370/LSC 4016/
RB 16206/SB 2082/SB 6885/SER 5692
CD: RCA/BMG RD 89651/GD 60822

1969

CD: Ermitage ERM 101

Milan
5 November
1970

CD: Arkadia CDGI 918

7 November
1970

CD: Ermitage ERM 127

ballade no 4

New York
28 April
1959

LP: Victor LM 2370/LSC 2370/RB 16206/
SB 2082/SER 5692
CD: RCA/BMG RD 89651/GD 60822

Milan
5 November
1970

CD: Arkadia CDGI 918

barcarolle in f sharp minor

1921	Duo Art piano roll 6542-3
London 18 April 1928	78: HMV DB 1161 78: Victor 7011 LP: EMI 1C027 143 5551 CD: EMI CHS 764 6972/CHS 764 9332 CD: Grammofono AB 78654-78657 CD: Pearl GEMMCD 9464 CD: Magic Talent MT 48064
New York 28 August 1946	78: Victor 12-0378 78: HMV DB 21613 45: Victor 49-0310 CD: RCA/BMG GD 60047/GD 60822
New York 1957	LP: Victor LM 2277
New York 26 November 1962	LP: Victor LM 2889/LSC 2889/RB 6683/ SB 6683/SER 5692 CD: RCA/BMG RD 89911/GD 60822/ 74321 341752
Moscow 1 October 1964	LP: Melodiya C10 21327 004 CD: Cetra CDE 1024 CD: Revelation RV 10013/RV 60002

berceuse in d flat

London
22 July
1932

78: HMV DB 2149
LP: EMI 1C027 143 5551
CD: EMI CHS 764 6972/CHS 764 9332
CD: Grammofono AB 78654-78657
CD: Pearl GEMMCD 9464
CD: Magic Talent MT 48064

New York
20 June
1946

78: Victor M 1012
45: Victor WDM 1012
CD: RCA/BMG GD 60047

New York
21 April
1958

LP: Victor LM 2277

New York
26 November
1962

LP: Victor LM 2889/LSC 2889/LSC 4016/
RB 6683/SB 6683/SB 6885/SER 5692/
ARL2-2359
CD: RCA/BMG RD 89911/GD 60822/
74321 341752

1969

CD: Ermitage ERM 101

Milan
5 November
1970

CD: Arkadia CDGI 918

7 November
1970

CD: Ermitage ERM 127

bolero

New York
27 November
1962

LP: Victor LM 2889/LSC 2889/RB 6683/
SB 6683/SER 5692
CD: RCA/BMG GD 85617/GD 60822/RD 89911

étude in e op 10 no 3

1919   Ampico piano roll 57775H

étude in c sharp minor op 10 no 4

Moscow   LP: Melodiya C10 21327 004
1 October   CD: Revelation RV 10013
1964

Pasadena   CD: RCA/BMG 09026 611602
15 January   VHS Video: RCA/BMG 09026 611603
1975   Laserdisc: RCA/BMG 09026 611606

étude in g flat op 10 no 5

1 February   LP: Paragon LBI 53001
1960

Moscow   LP: Melodiya C10 21327 004
1 October   CD: Revelation RV 10013
1964

étude in e flat minor op 10 no 6

1 February   LP: Paragon LBI 53001
1960

étude in f op 10 no 8

1 February   LP: Paragon LBI 53001
1960

étude in f minor op 10 no 9

1 February   LP: Paragon LBI 53001
1960

étude in a flat op 25 no 1

Moscow
1 October
1964

LP: Melodiya C10 21327 004
CD: Revelation RV 10013

étude in e minor op 25 no 5

Moscow
1 October
1964

LP: Melodiya C10 21327 004
CD: Revelation RV 10013

1969

CD: Ermitage ERM 101

Milan
5 November
1970

CD: Arkadia CDGI 918

7 November
1970

CD: Ermitage ERM 127

Pasadena
15 January
1975

CD: RCA/BMG 09026 611602
VHS Video: RCA/BMG 09026 611603
Laserdisc: RCA/BMG 09026 611606

3 nouvelles études

New York
21 April
1958

LP: Victor LM 2277

New York
28 November
1962

LP: Victor LM 2889/LSC 2889/RB 6683/
SB 6683/SER 5692
CD: RCA/BMG RD 85617/RD 89911/
GD 60822

fantasy in f minor

New York 11 February 1957	LP: Victor LM 2277

New York
27 November
1962
	LP: Victor LM 2889/LSC 2889/RB 6683/
	   SB 6683/SER 5692
	CD: RCA/BMG RD 85616/RD 89812/
	   GD 60822

1969	CD: Ermitage ERM 101
Milan 5 November 1970	CD: Arkadia CDGI 918
7 November 1970	CD: Ermitage ERM 127

fantasy-impromptu in c sharp minor

New York 21 May 1951	LP: Victor LM 1153
New York 11 March 1957	LP: Victor LM 2277/LM 6802

New York
25 March
1964
	LP: Victor LM 7037/LSC 7037/LSC 4000/
	   RB 6649/SB 6649/SB 6874/
	   ARL2-2359/SER 5692
	CD: RCA/BMG RD 85617/RD 89911/
	   GD 60822/74321 341752

impromptu no 1

New York 12 February 1954	LP: Victor LM 2277/LM 6802

New York
23 March
1964
	LP: Victor LM 7037/LSC 7037/RB 6649/
	   SB 6649/SER 5692
	CD: RCA/BMG RD 85617/RD 89911/
	   GD 60822

impromptu no 2

New York 3 November 1953	LP: Victor LM 2277/LM 6802

New York
23 March
1964
	LP: Victor LM 7037/LSC 7037/RB 6649/
	    SB 6649/SER 5692
	CD: RCA/BMG RD 85617/RD 89911/
	    GD 60822

impromptu no 3

New York 26 March 1946	78: Victor M 1075 45: Victor WDM 1075
New York 3 November 1953	LP: Victor LM 2277/LM 6802

New York
24 March
1964
	LP: Victor LM 7037/LSC 7037/RB 6649/
	    SB 6649/SER 5692
	CD: RCA/BMG RD 85617/RD 89911/
	    GD 60822

Moscow 1 October 1964	LP: Melodiya C10 21325 004 CD: Revelation RV 10013

mazurka in f sharp minor op 6 no 1

London 13 November 1938	78: HMV DB 3802 78: Victor M 626 LP: EMI 1C153 01170-01171/ 1C153 50354-50360 LP: Angel IB 6132 CD: EMI CHS 764 6972/CHS 764 9332 CD: Magic Talent MT 48016
New York 14 July 1952	45: Victor ERB 7001 LP: Victor LRM 7001/LM 6109 LP: HMV ALP 1398

New York
27-28
December
1965
	LP: Victor LM 6177/LSC 6177/RB 6702/
	    SB 6702/SER 5692
	CD: RCA/BMG RD 85614/RD 85171/
	    GD 60822

mazurka in c sharp minor op 6 no 2

London 13 November 1938	78: HMV DB 3802 78: Victor M 626 LP: EMI 1C153 01170-01171/ 1C153 50354-50360 LP: Angel IB 6132 CD: EMI CHS 764 6972/CHS 764 9332 CD: Magic Talent MT 48016
New York 14 July 1952	45: Victor ERB 7001 LP: Victor LRM 7001/LM 6109 LP: HMV ALP 1398

New York
27-28
December
1965
	LP: Victor LM 6177/LSC 6177/RB 6702/
	    SB 6702/SER 5692
	CD: RCA/BMG RD 85614/RD 85171/
	    GD 60822

mazurka in e op 6 no 3

London 13 November 1938	78: HMV DB 3802 78: Victor M 626 LP: EMI 1C153 01170-01171/ 1C153 50354-50360 LP: Angel IB 6132 CD: EMI CHS 764 6972/CHS 764 9332 CD: Magic Talent MT 48016
New York 14 July 1952	45: Victor ERB 7001 LP: Victor LRM 7001/LM 6109 LP: HMV ALP 1398

New York
27-28
December
1965
	LP: Victor LM 6177/LSC 6177/RB 6702/
	    SB 6702/SER 5692
	CD: RCA/BMG RD 85614/RD 85171/
	    GD 60822

mazurka in e flat minor op 6 no 4

London
13 December
1938

78: HMV DB 3803
78: Victor M 626
LP: EMI 1C153 01170-01171/
    1C153 50354-50360
LP: Angel IB 6132
CD: EMI CHS 764 6972/CHS 764 9332
CD: Magic Talent MT 48016

New York
14 July
1952

45: Victor ERB 7001
LP: Victor LRM 7001/LM 6109
LP: HMV ALP 1398

New York
27 December
1965

LP: Victor LM 6177/LSC 6177/RB 6702/
    SB 6702/SER 5692
CD: RCA/BMG RD 85614/RD 85171/
    GD 60822

mazurka in b flat op 7 no 1

London
12 December
1938

78: HMV DB 3804
78: Victor M 626
LP: EMI 1C153 01170-01171/
    1C153 50354-50360
LP: Angel IB 6132
CD: EMI CHS 764 6972/CHS 764 9332
CD: Magic Talent MT 48016

New York
5 September
1952

45: Victor ERB 7001
LP: Victor LRM 7001/LM 6109
LP: HMV ALP 1398

New York
27 December
1965

LP: Victor LM 6177/LSC 6177/RB 6702/
    SB 6702/SER 5692
CD: RCA/BMG RD 85614/RD 85171/
    GD 60822/74321 341752

mazurka in a minor op 7 no 2

London
12 December
1938

78: HMV DB 3802
78: Victor M 626
LP: EMI 1C153 01170-01171/
 1C153 50354-50360
LP: Angel IB 6132
CD: EMI CHS 764 6972/CHS 764 9332
CD: Magic Talent MT 48016

New York
5 February
1953

45: Victor ERB 7001
LP: Victor LRM 7001
LP: HMV ALP 1398

New York
27 December
1965

LP: Victor LM 6177/LSC 6177/RB 6702/
 SB 6702/SER 5692
CD: RCA/BMG RD 85614/RD 85171/
 GD 60822

mazurka in f minor op 7 no 3

London
12 December
1938

78: HMV DB 3803
78: Victor M 626
LP: EMI 1C153 01170-01171/
 1C153 50354-50360
LP: Angel IB 6132
CD: EMI CHS 764 6972/CHS 764 9332
CD: Magic Talent MT 48016

New York
14 July
1952

45: Victor ERB 7001
LP: Victor LRM 7001/LM 6109
LP: HMV ALP 1398

New York
27 December
1965

LP: Victor LM 6177/LSC 6177/RB 6702/
 SB 6702/SER 5692
CD: RCA/BMG RD 85614/RD 85171/
 GD 60822

mazurka in c op 7 no 4

London
12 December
1938

78: HMV DB 3803
78: Victor M 626
LP: EMI 1C153 01170-01171/
    1C153 50354-50360
LP: Angel IB 6132
CD: EMI CHS 764 6972/CHS 764 9332
CD: Magic Talent MT 48016

New York
14 July
1952

45: Victor ERB 7001
LP: Victor LRM 7001
LP: HMV ALP 1398

New York
27 December
1965

LP: Victor LM 6177/LSC 6177/RB 6702/
    SB 6702/SER 5692
CD: RCA/BMG RD 85614/RD 85171/
    GD 60822

mazurka in c op 7 no 5

London
12 December
1938

78: HMV DB 3803
78: Victor M 626
LP: EMI 1C153 01170-01171/
    1C153 50354-50360
LP: Angel IB 6132
CD: EMI CHS 764 6972/CHS 764 9332
CD: Magic Talent MT 48016

New York
14 July
1952

45: Victor ERB 7001
LP: Victor LRM 7001/LM 6109
LP: HMV ALP 1398

New York
28 December
1965

LP: Victor LM 6177/LSC 6177/RB 6702/
    SB 6702/SER 5692
CD: RCA/BMG RD 85614/RD 85171/
    GD 60822

mazurka in b flat op 17 no 1

London 13 December 1938	78: HMV DB 3804 78: Victor M 626 LP: EMI 1C153 01170-011/1/ 　　1C153 50354-50360 LP: Angel IB 6132 CD: EMI CHS 764 6972/CHS 764 9332 CD: Magic Talent MT 48016
New York 14 July 1952	45: Victor ERB 7001 LP: Victor LRM 7001 LP: HMV ALP 1398
New York 27 December 1965	LP: Victor LM 6177/LSC 6177/RB 6702/ 　　SB 6702/SER 5692 CD: RCA/BMG RD 85614/RD 85171/ 　　GD 60822

mazurka in e minor op 17 no 2

London 13 December 1938	78: HMV DB 3804 78: Victor M 626 LP: EMI 1C153 01170-01171/ 　　1C153 50354-50360 LP: Angel IB 6132 CD: EMI CHS 764 6972/CHS 764 9332 CD: Magic Talent MT 48016
New York 14 July 1952	45: Victor ERB 7001 LP: Victor LRM 7001/LM 6109 LP: HMV ALP 1398
New York 27 December 1965	LP: Victor LM 6177/LSC 6177/RB 6702/ 　　SB 6702/SER 5692 CD: RCA/BMG RD 85614/RD 85171/ 　　GD 60822

mazurka in a flat op 17 no 3

London 12 December 1938	78: HMV DB 3805 78: Victor M 626 LP: EMI 1C153 01170-01171/ 1C153 50354-50360 LP: Angel IB 6132 CD: EMI CHS 764 6972/CHS 764 9332 CD: Magic Talent MT 48016
New York 14 July 1952	45: Victor ERB 7001 LP: Victor LRM 7001 LP: HMV ALP 1398

New York
27-28
December
1965
	LP: Victor LM 6177/LSC 6177/RB 6702/
	    SB 6702/SER 5692
	CD: RCA/BMG RD 85614/RD 85171/
	    GD 60822

mazurka in a minor op 17 no 4

London 13 November 1938	78: HMV DB 3805 78: Victor M 626 LP: EMI 1C153 01170-01171/ 1C153 50354-50360 LP: Angel IB 6132 CD: EMI CHS 764 6972/CHS 764 9332 CD: Magic Talent MT 48016
New York 14 July 1952	45: Victor ERB 7001 LP: Victor LRM 7001/LM 6109 LP: HMV ALP 1398

New York
27-28
December
1965
	LP: Victor LM 6177/LSC 6177/RB 6702/
	    SB 6702/SER 5692
	CD: RCA/BMG RD 85614/RD 85171/
	    GD 60822

mazurka in g minor op 24 no 1

London
13 December
1938

78: HMV DB 3806
78: Victor M 626
LP: EMI 1C153 01170-01171/
    1C153 50354-50360
LP: Angel IB 6132
CD: EMI CHS 764 6972/CHS 764 9332
CD: Magic Talent MT 48016

New York
5 February
1953

45: Victor ERB 7001
LP: Victor LRM 7001/LM 6109
LP: HMV ALP 1398

New York
27-28
December
1965

LP: Victor LM 6177/LSC 6177/RB 6702/
    SB 6702/SER 5692
CD: RCA/BMG RD 85614/RD 85171/
    GD 60822

mazurka in c op 24 no 2

London
10 May
1939

78: HMV DB 3806
78: Victor M 626
LP: EMI 1C153 01170-01171/
    1C153 50354-50360
LP: Angel IB 6132
CD: EMI CHS 764 6972/CHS 764 9332
CD: Magic Talent MT 48016

New York
14 July
1952

45: Victor ERB 7001
LP: Victor LRM 7001
LP: HMV ALP 1398

New York
28 December
1965

LP: Victor LM 6177/LSC 6177/RB 6702/
    SB 6702/SER 5692
CD: RCA/BMG RD 85614/RD 85171/
    GD 60822

mazurka in a flat op 24 no 3

London
13 December
1938

78: HMV DB 3808
78: Victor M 626
LP: EMI 1C153 01170-01171/
    1C153 50354-50360
LP: Angel IB 6132
CD: EMI CHS 764 6972/CHS 764 9332
CD: Magic Talent MT 48016

New York
24 July
1952

45: Victor ERB 7001
LP: Victor LRM 7001/LM 6109
LP: HMV ALP 1398

New York
28 December
1965

LP: Victor LM 6177/LSC 6177/RB 6702/
    SB 6702/SER 5692
CD: RCA/BMG RD 85614/RD 85171/
    GD 60822

mazurka in b flat minor op 24 no 4

London
10 May
1939

78: HMV DB 3807
78: Victor M 656
LP: EMI 1C153 01170-01171/
    1C153 50354-50360
LP: Angel IB 6132
CD: EMI CHS 764 6972/CHS 764 9332
CD: Magic Talent MT 48016

New York
5 February
1953

45: Victor ERB 7001
LP: Victor LRM 7001
LP: HMV ALP 1398

New York
28 December
1965

LP: Victor LM 6177/LSC 6177/RB 6702/
    SB 6702/SER 5692
CD: RCA/BMG RD 85614/RD 85171/
    GD 60822

mazurka in c minor op 30 no 1

New York 12 December 1938	78: HMV DB 3804 78: Victor M 626 LP: EMI 1C153 01170-01171/ 1C153 50354-50360 LP: Angel IB 6132 CD: EMI CHS 764 6972/CHS 764 9332 CD: Magic Talent MT 48016
New York 14 July 1952	45: Victor ERB 7001 LP: Victor LRM 7001/LM 6109 LP: HMV ALP 1399

New York
29 December
1965
	LP: Victor LM 6177/LSC 6177/RB 6703/
	    SB 6703/SER 5692
	CD: RCA/BMG RD 85614/RD 85171/
	    GD 60822

mazurka in b minor/f sharp minor op 30 no 2

London 13 December 1938	78: HMV DB 3807 78: Victor M 656 LP: EMI 1C153 01170-01171/ 1C153 50354-50360 LP: Angel IB 6132 CD: EMI CHS 764 6972/CHS 764 9332 CD: Magic Talent MT 48016
New York 5 February 1953	45: Victor ERB 7001 LP: Victor LRM 7001/LM 6109 LP: HMV ALP 1399

New York
29 December
1965
	LP: Victor LM 6177/LSC 6177/RB 6703/
	    SB 6703/SER 5692
	CD: RCA/BMG RD 85614/RD 85171/
	    GD 60822

mazurka in d-flat op 30 no 3

London 13 December 1938	78: HMV DB 3806 78: Victor M 626 LP: EMI 1C153 01170-01171/ 1C153 50354-50360 LP: Angel IB 6132 CD: EMI CHS 764 6972/CHS 764 9332 CD: Magic Talent MT 48016
New York 14 July 1952	45: Victor ERB 7001 LP: Victor LRM 7001/LM 6109 LP: HMV ALP 1399

New York
29 December
1965
	LP: Victor LM 6177/LSC 6177/RB 6703/
	    SB 6703/SER 5692
	CD: RCA/BMG RD 85614/RD 85171/
	    GD 60822

mazurka in c sharp minor op 30 no 4

London 13 December 1938	78: HMV DB 3808 78: Victor M 656 LP: EMI 1C153 01170-01171/ 1C153 50354-50360 LP: Angel IB 6132 CD: EMI CHS 764 6972/CHS 764 9332 CD: Magic Talent MT 48016
New York 15 July 1952	45: Victor ERB 7001 LP: Victor LRM 7001/LM 6109 LP: HMV ALP 1399

New York
29 December
1965
	LP: Victor LM 6177/LSC 6177/RB 6703/
	    SB 6703/SER 5692
	CD: RCA/BMG RD 85614/RD 85171/
	    GD 60822

mazurka in g sharp minor op 33 no 1

London　　　　　　　　　　　　78: HMV DB 3808
13 December　　　　　　　　　 78: Victor M 656
1938　　　　　　　　　　　　　LP: EMI 1C153 01170-01171/
　　　　　　　　　　　　　　　　　　1C153 50354-50360
　　　　　　　　　　　　　　　LP: Angel IB 6132
　　　　　　　　　　　　　　　CD: EMI CHS 764 6972/CHS 764 9332
　　　　　　　　　　　　　　　CD: Magic Talent MT 48016

New York　　　　　　　　　　　45: Victor ERB 7001
15 July　　　　　　　　　　　 LP: Victor LRM 7001/LM 6109
1952　　　　　　　　　　　　　LP: HMV ALP 1399

New York　　　　　　　　　　　LP: Victor LM 6177/LSC 6177/RB 6703/
29 December　　　　　　　　　　　　SB 6703/SER 5692
1965　　　　　　　　　　　　　CD: RCA/BMG RD 85614/RD 85171/
　　　　　　　　　　　　　　　　　　GD 60822

mazurka in d op 33 no 2

London　　　　　　　　　　　　78: HMV DB 2149
22 July　　　　　　　　　　　 CD: Pearl GEMMCD 9464
1932

London　　　　　　　　　　　　78: HMV DB 3839
10 May　　　　　　　　　　　　78: Victor M 656
1939　　　　　　　　　　　　　LP: EMI 1C153 01170-01171/
　　　　　　　　　　　　　　　　　　1C153 50354-50360
　　　　　　　　　　　　　　　LP: Angel IB 6132
　　　　　　　　　　　　　　　CD: EMI CHS 764 6972/CHS 764 9332
　　　　　　　　　　　　　　　CD: Magic Talent MT 48016

New York　　　　　　　　　　　45: Victor ERB 7001
15 July　　　　　　　　　　　 LP: Victor LRM 7001/LM 6109
1952　　　　　　　　　　　　　LP: HMV ALP 1399

New York　　　　　　　　　　　LP: Victor LM 6177/LSC 6177/RB 6703/
3 January　　　　　　　　　　　　 SB 6703/SER 5692
1966　　　　　　　　　　　　　CD: RCA/BMG RD 85614/RD 85171/
　　　　　　　　　　　　　　　　　　GD 60822/74321 341752

1969　　　　　　　　　　　　　CD: Ermitage ERM 101

Milan　　　　　　　　　　　　 CD: Arkadia CDGI 918
5 November
1970

mazurka in c op 33 no 3

London 13 December 1938	78: HMV DB 3839 78: Victor M 656 LP: EMI 1C153 01170-01171/ 1C153 50354-50360 LP: Angel IB 6132 CD: EMI CHS 764 6972/CHS 764 9332 CD: Magic Talent MT 48016
New York 5 February 1953	45: Victor ERB 7001 LP: Victor LRM 7001/LM 6109 LP: HMV ALP 1399

New York
3 January
1966
	LP: Victor LM 6177/LSC 6177/RB 6703/
	    SB 6703/SER 5692
	CD: RCA/BMG RD 85614/RD 85171/
	    GD 60822

mazurka in b minor op 33 no 4

London 12 December 1938	78: HMV DB 3840 78: Victor M 656 LP: EMI 1C153 01170-01171/ 1C153 50354-50360 LP: Angel IB 6132 CD: EMI CHS 764 6972/CHS 764 9332 CD: Magic Talent MT 48016
New York 15 July 1952	45: Victor ERB 7001 LP: Victor LRM 7001/LM 6109 LP: HMV ALP 1399

New York
28 December
1965
	LP: Victor LM 6177/LSC 6177/RB 6703/
	    SB 6703/SER 5692
	CD: RCA/BMG RD 85614/RD 85171/
	    GD 60822

mazurka in c sharp minor op 41 no 1

London 13 December 1938	78: HMV DB 3840 78: Victor M 656 LP: EMI 1C153 01170-01171/ 1C153 50354-50360 LP: Angel IB 6132 CD: EMI CHS 764 6972/CHS 764 9332 CD: Magic Talent MT 48016
New York 15 July 1952	45: Victor ERB 7001 LP: Victor LRM 7001/LM 6109 LP: HMV ALP 1399

New York
28 December
1965
	LP: Victor LM 6177/LSC 6177/RB 6703/
	    SB 6703/SER 5692
	CD: RCA/BMG RD 85614/RD 85171/
	    GD 60822

mazurka in e minor op 41 no 2

London 13 November 1938	78: HMV DB 3806 78: Victor M 656 LP: EMI 1C153 01170-01171/ 1C153 50354-50360 LP: Angel IB 6132 CD: EMI CHS 764 6972/CHS 764 9332 CD: Magic Talent MT 48016
New York 15 July 1952	45: Victor ERB 7001 LP: Victor LRM 7001/LM 6109 LP: HMV ALP 1399

New York
28 December
1965
	LP: Victor LM 6177/LSC 6177/RB 6703/
	    SB 6703/SER 5692
	CD: RCA/BMG RD 85614/RD 85171/
	    GD 60822

mazurka in b op 41 no 3

London
14 December
1938

78: HMV DB 3840
78: Victor M 626
LP: EMI 1C153 01170-01171/
    1C153 50354-50360
LP: Angel IB 6132
CD: EMI CHS 764 6972/CHS 764 9332
CD: Magic Talent MT 48016

New York
15 July
1952

45: Victor ERB 7001
LP: Victor LRM 7001/LM 6109
LP: HMV ALP 1399

New York
28 December
1965

LP: Victor LM 6177/LSC 6177/RB 6703/
    SB 6703/SER 5692
CD: RCA/BMG RD 85614/RD 85171/
    GD 60822

mazurka in a flat op 41 no 4

London
13 December
1938

78: HMV DB 3803
78: Victor M 626
LP: EMI 1C153 01170-01171/
    1C153 50354-50360
LP: Angel IB 6132
CD: EMI CHS 764 6972/CHS 764 9332
CD: Magic Talent MT 48016

New York
15 July
1952

45: Victor ERB 7001
LP: Victor LRM 7001/LM 6109
LP: HMV ALP 1399

New York
28 December
1965

LP: Victor LM 6177/LSC 6177/RB 6703/
    SB 6703/SER 5692
CD: RCA/BMG RD 85614/RD 85171/
    GD 60822

mazurka in g op 50 no 1

London
13 November
1938

78: HMV DB 3841
78: Victor M 656
LP: EMI 1C153 01170-01171/
    1C153 50354-50360
LP: Angel IB 6132
CD: EMI CHS 764 6972/CHS 764 9332
CD: Magic Talent MT 48016

New York
15 July
1952

45: Victor ERB 7001
LP: Victor LRM 7001/LM 6109
LP: HMV ALP 1399

New York
28 December
1965

LP: Victor LM 6177/LSC 6177/RB 6703/
    SB 6703/SER 5692
CD: RCA/BMG RD 85614/RD 85171/
    GD 60822

mazurka in a flat op 50 no 2

London
13 November
1938

78: HMV DB 3841
78: Victor M 656
LP: EMI 1C153 01170-01171/
    1C153 50354-50360
LP: Angel IB 6132
CD: EMI CHS 764 6972/CHS 764 9332
CD: Magic Talent MT 48016

New York
15 July
1952

45: Victor ERB 7001
LP: Victor LRM 7001/LM 6109
LP: HMV ALP 1399

New York
28 December
1965

LP: Victor LM 6177/LSC 6177/RB 6703/
    SB 6703/SER 5692
CD: RCA/BMG RD 85614/RD 85171/
    GD 60822

mazurka in c sharp minor op 50 no 3

London 12 December 1938	78: HMV DB 3842 78: Victor M 691 LP: EMI 1C153 01170-01171/ 1C153 50354-50360 LP: Angel IB 6132 CD: EMI CHS 764 6972/CHS 764 9332 CD: Magic Talent MT 48016
New York 15 July 1952	45: Victor ERB 7001 LP: Victor LRM 7001/LM 6109 LP: HMV ALP 1399

New York
28 December
1965
	LP: Victor LM 6177/LSC 6177/RB 6703/
	    SB 6703/SER 5692
	CD: RCA/BMG RD 85614/RD 85171/
	    GD 60822

mazurka in b op 56 no 1

London 14 December 1938	78: HMV DB 3842 78: Victor M 691 LP: EMI 1C153 01170-01171/ 1C153 50354-50360 LP: Angel IB 6132 CD: EMI CHS 764 6972/CHS 764 9332 CD: Magic Talent MT 48016
New York 15 July 1952	45: Victor ERB 7001 LP: Victor LRM 7001/LM 6109 LP: HMV ALP 1399

New York
28 December
1965
	LP: Victor LM 6177/LSC 6177/RB 6703/
	    SB 6703/SER 5692
	CD: RCA/BMG RD 85614/RD 85171/
	    GD 60822

Rubinstein

mazurka in c op 56 no 2

London 13 December 1938	78: HMV DB 3843 78: Victor M 691 LP: EMI 1C153 01170-01171/ 1C153 50354-50360 LP: Angel IB 6132 CD: EMI CHS 764 6972/CHS 764 9332 CD: Magic Talent MT 48016
New York 15 July 1952	45: Victor ERB 7001 LP: Victor LRM 7001/LM 6109 LP: HMV ALP 1400

New York
29 December
1965
	LP: Victor LM 6177/LSC 6177/RB 6704/
	    SB 6704/SER 5692
	CD: RCA/BMG RD 85614/RD 85171/
	    GD 60822

mazurka in c minor op 56 no 3

London 22 July 1930	78: HMV DB 1462 78: Victor 7403 LP: EMI 1C027 143 5551
London 10 May 1939	78: HMV DB 3843 78: Victor M 691 LP: EMI 1C153 01170-01171/ 1C153 50354-50360 LP: Angel IB 6132 CD: EMI CHS 764 6972/CHS 764 9332 CD: Magic Talent MT 48016
New York 15 July 1952	45: Victor ERB 7001 LP: Victor LRM 7001/LM 6109 LP: HMV ALP 1400
1 February 1960	LP: Paragon LBI 53001

New York
29 December
1965
	LP: Victor LM 6177/LSC 6177/RB 6704/
	    SB 6704/SER 5692
	CD: RCA/BMG RD 85614/RD 85171/
	    GD 60822

1969	CD: Ermitage ERM 101
Milan 5 November 1970	CD: Arkadia CDGI 918

mazurka in a minor op 59 no 1

London 13 December 1938	78: HMV DB 3843 78: Victor M 691 LP: EMI 1C153 01170-01171/ 　　1C153 50354-50360 LP: Angel IB 6132 CD: EMI CHS 764 6972/CHS 764 9332 CD: Magic Talent MT 48016
New York 15 July 1952	45: Victor ERB 7001 LP: Victor LRM 7001/LM 6109 LP: HMV ALP 1400
New York 29 December 1965	LP: Victor LM 6177/LSC 6177/RB 6704/ 　　SB 6704/SER 5692 CD: RCA/BMG RD 85614/RD 85171/ 　　GD 60822

mazurka in a flat op 59 no 2

London 14 December 1938	78: HMV DB 3844 78: Victor M 691 LP: EMI 1C153 01170-01171/ 　　1C153 50354-50360 LP: Angel IB 6132 CD: EMI CHS 764 6972/CHS 764 9332 CD: Magic Talent MT 48016
New York 15 July 1952	45: Victor ERB 7001 LP: Victor LRM 7001/LM 6109 LP: HMV ALP 1400
New York 30 December 1965	LP: Victor LM 6177/LSC 6177/RB 6704/ 　　SB 6704/SER 5692 CD: RCA/BMG RD 85614/RD 85171/ 　　GD 60822/74321 341752

mazurka in f sharp minor op 59 no 3

London
14 December
1938

78: HMV DB 3844
78: Victor M 691
LP: EMI 1C153 01170-01171/
    1C153 50354-50360
LP: Angel IB 6132
CD: EMI CHS 764 6972/CHS 764 9332
CD: Magic Talent MT 48016

New York
15 July
1952

45: Victor ERB 7001
LP: Victor LRM 7001/LM 6109
LP: HMV ALP 1400

New York
30 December
1965

LP: Victor LM 6177/LSC 6177/RB 6704/
    SB 6704/SER 5692
CD: RCA/BMG RD 85614/RD 85171/
    GD 60822

mazurka in b op 63 no 1

London
22 July
1932

78: HMV DB 2149
LP: EMI 1C027 143 5551
CD: Pearl GEMMCD 9464

London
10 May
1939

78: HMV DB 3839
78: Victor M 656
LP: EMI 1C153 01170-01171/
    1C153 50354-50360
LP: Angel IB 6132
CD: EMI CHS 764 6972/CHS 764 9332
CD: Magic Talent MT 48016

New York
15 July
1952

45: Victor ERB 7001
LP: Victor LRM 7001/LM 6109
LP: HMV ALP 1400

New York
30 December
1965

LP: Victor LM 6177/LSC 6177/RB 6704/
    SB 6704/SER 5692
CD: RCA/BMG RD 85614/RD 85171/
    GD 60822

mazurka in f minor op 63 no 2

London
13 November
1938

78: HMV DB 3841
78: Victor M 656
LP: EMI 1C153 01170-01171/
    1C153 50354-50360
LP: Angel IB 6132
CD: EMI CHS 764 6972/CHS 764 9332
CD: Magic Talent MT 48016

New York
15 July
1952

45: Victor ERB 7001
LP: Victor LRM 7001/LM 6109
LP: HMV ALP 1400

New York
30 December
1965

LP: Victor LM 6177/LSC 6177/RB 6704/
    SB 6704/SER 5692
CD: RCA/BMG RD 85614/RD 85171/
    GD 60822

mazurka in c sharp minor op 63 no 3

London
13 November
1938

78: HMV DB 3841
78: Victor M 656
LP: EMI 1C153 01170-01171/
    1C153 50354-50360
LP: Angel IB 6132
CD: EMI CHS 764 6972/CHS 764 9332
CD: Magic Talent MT 48016

New York
16 July
1952

45: Victor ERB 7001
LP: Victor LRM 7001/LM 6109
LP: HMV ALP 1400

New York
30 December
1965

LP: Victor LM 6177/LSC 6177/RB 6704/
    SB 6704/SER 5692
CD: RCA/BMG RD 85614/RD 85171/
    GD 60822

mazurka in g op 67 no 1

London
14 December
1938

78: HMV DB 3844
78: Victor M 691
LP: EMI 1C153 01170-01171/
    1C153 50354-50360
LP: Angel IB 6132
CD: EMI CHS 764 6972/CHS 764 9332
CD: Magic Talent MT 48016

New York
16 July
1952

45: Victor ERB 7001
LP: Victor LRM 7001/LM 6109
LP: HMV ALP 1400

New York
3 January
1966

LP: Victor LM 6177/LSC 6177/RB 6704/
    SB 6704/SER 5692
CD: RCA/BMG RD 85614/RD 85171/
    GD 60822

mazurka in g minor op 67 no 2

London
13 December
1938

78: HMV DB 3807
78: Victor M 691
LP: EMI 1C153 01170-01171/
    1C153 50354-50360
LP: Angel IB 6132
CD: EMI CHS 764 6972/CHS 764 9332
CD: Magic Talent MT 48016

New York
16 July
1952

45: Victor ERB 7001
LP: Victor LRM 7001/LM 6109
LP: HMV ALP 1400

New York
3 January
1966

LP: Victor LM 6177/LSC 6177/RB 6704/
    SB 6704/SER 5692
CD: RCA/BMG RD 85614/RD 85171/
    GD 60822

mazurka in c op 67 no 3

London
13 December
1938

78: HMV DB 3807
78: Victor M 691
LP: EMI 1C153 01170-01171/
 1C153 50354-50360
LP: Angel IB 6132
CD: EMI CHS 764 6972/CHS 764 9332
CD: Magic Talent MT 48016

New York
16 July
1952

45: Victor ERB 7001
LP: Victor LRM 7001/LM 6109
LP: HMV ALP 1400

New York
3 January
1966

LP: Victor LM 6177/LSC 6177/RB 6704/
 SB 6704/SER 5692
CD: RCA/BMG RD 85614/RD 85171/
 GD 60822

mazurka in a minor op 67 no 4

London
13 December
1938

78: HMV DB 3808
78: Victor M 691
LP: EMI 1C153 01170-01171/
 1C153 50354-50360
LP: Angel IB 6132
CD: EMI CHS 764 6972/CHS 764 9332
CD: Magic Talent MT 48016

New York
16 July
1952

45: Victor ERB 7001
LP: Victor LRM 7001/LM 6109
LP: HMV ALP 1400

New York
3 January
1966

LP: Victor LM 6177/LSC 6177/RB 6704/
 SB 6704/SER 5692
CD: RCA/BMG RD 85614/RD 85171/
 GD 60822

mazurka in c op 68 no 1

London 14 December 1938	78: HMV DB 3844 78: Victor M 691 LP: EMI 1C153 01170-01171/ 1C153 50354-50360 LP: Angel IB 6132 CD: EMI CHS 764 6972/CHS 764 9332 CD: Magic Talent MT 48016
New York 16 July 1952	45: Victor ERB 7001 LP: Victor LRM 7001/LM 6109 LP: HMV ALP 1400

New York
3 January
1966
	LP: Victor LM 6177/LSC 6177/RB 6704/
	    SB 6704/SER 5692
	CD: RCA/BMG RD 85614/RD 85171/
	    GD 60822

mazurka in a minor op 68 no 2

London 14 December 1938	78: HMV DB 3845 78: Victor M 691 LP: EMI 1C153 01170-01171/ 1C153 50354-50360 LP: Angel IB 6132 CD: EMI CHS 764 6972/CHS 764 9332 CD: Magic Talent MT 48016
New York 16 July 1952	45: Victor ERB 7001 LP: Victor LRM 7001/LM 6109 LP: HMV ALP 1400

New York
3 January
1966
	LP: Victor LM 6177/LSC 6177/RB 6704/
	    SB 6704/SER 5692
	CD: RCA/BMG RD 85614/RD 85171/
	    GD 60822/74321 341752

mazurka in f op 68 no 3

London
13 December
1938

78: HMV DB 3808
78: Victor M 691
LP: EMI 1C153 01170-01171/
    1C153 50354-50360
LP: Angel IB 6132
CD: EMI CHS 764 6972/CHS 764 9332
CD: Magic Talent MT 48016

New York
16 July
1952

45: Victor ERB 7001
LP: Victor LRM 7001/LM 6109
LP: HMV ALP 1400

New York
3 January
1966

LP: Victor LM 6177/LSC 6177/RB 6704/
    SB 6704/SER 5692
CD: RCA/BMG RD 85614/RD 85171/
    GD 60822

mazurka in f minor op 68 no 4

London
13 December
1938

78: HMV DB 3839
78: Victor M 691
LP: EMI 1C153 01170-01171/
    1C153 50354-50360
LP: Angel IB 6132
CD: EMI CHS 764 6972/CHS 764 9332
CD: Magic Talent MT 48016

New York
16 July
1952

45: Victor ERB 7001
LP: Victor LRM 7001/LM 6109
LP: HMV ALP 1400

New York
3 January
1966

LP: Victor LM 6177/LSC 6177/RB 6704/
    SB 6704/SER 5692
CD: RCA/BMG RD 85614/RD 85171/
    GD 60822

mazurka in a minor op posth. (1820)

London 14 December 1938	78: HMV DB 3854 78: Victor M 691 LP: EMI 1C153 01170-01171/ 1C153 50354-50360 LP: Angel IB 6132 CD: EMI CHS 764 6972/CHS 764 9332 CD: Magic Talent MT 48016
New York 16 July 1952	45: Victor ERB 7001 LP: Victor LRM 7001/LM 6109 LP: HMV ALP 1400

New York
3 January
1966
	LP: Victor LM 6177/LSC 6177/RB 6704/
	    SB 6704/SER 5692
	CD: RCA/BMG RD 85614/RD 85171/
	    GD 60822

mazurka in a minor op posth. (1825)

London 13 December 1938	78: HMV DB 3854 78: Victor M 691 LP: EMI 1C153 01170-01171/ 1C153 50354-50360 LP: Angel IB 6132 CD: EMI CHS 764 6972/CHS 764 9332 CD: Magic Talent MT 48016
New York 16 July 1952	45: Victor ERB 7001 LP: Victor LRM 7001/LM 6109 LP: HMV ALP 1400

New York
3 January
1966
	LP: Victor LM 6177/LSC 6177/RB 6704/
	    SB 6704/SER 5692
	CD: RCA/BMG RD 85614/RD 85171/
	    GD 60822

RUBINSTEIN
EXCLUSIVELY ON RCA VICTOR RECORDS

Grieg
Piano concerto in A minor
RCA Victor SO/Wallenstein

ⓢ SB 2112 *(with Liszt Concerto No. 1)*
Ⓜ RB 16141 *(with Rachmaninov Paganini rhapsody)*

Tchaikovsky
Piano concerto No. 1 in B flat minor
Boston SO/Leinsdorf

ⓢ SB 6551 Ⓜ RB 6551 Dynagroove

Beethoven
Piano sonatas: 'Moonlight' 'Les adieux' and 'Pathétique'

ⓢ SB 6537 Ⓜ RB 6537

Beethoven
Violin sonata No. 8, op. 30 No. 3

Brahms
Violin sonata No. 1 in G, op. 78
with Henryk Szeryng

ⓢ SB 6513 Ⓜ RB 6513

Brahms
Violin sonatas nos. 2 and 3
with Henryk Szeryng

ⓢ SB 6520 Ⓜ RB 6520

HIGHLIGHTS FROM RUBINSTEIN AT CARNEGIE HALL
Debussy **La cathédrale engloutie; Poissons d'or; Hommage à Rameau; Ondine**
Szymanowski **Four Mazurkas, op. 50**
Villa-Lobos **Prole do bebe**
Prokofiev
12 Visions fugitives from op. 22

ⓢ SB 6504 Ⓜ RB 6504

Rachmaninov
Rhapsody on a theme of Paganini
Chicago SO/Reiner

Falla
Nights in the gardens of Spain
San Francisco SO/Jorda

ⓢ SB 2144 Ⓜ RB 16276

Mozart
Piano concerti nos. 23 and 21
RCA Victor SO/Wallenstein

ⓢ SB 6532 Ⓜ RB 6532

Chopin
Piano concerto No. 1 in E minor
New SO of London/Skrowaczewski

ⓢ SB 2145 Ⓜ RB 16275

Details of many other Rubinstein recordings may be obtained from your dealer

stereo or mono records

Buy RECORDS MAGAZINE — 6d. monthly from your newsagent or record dealer.
RCA Victor Records product of The Decca Record Company Limited Decca House Albert Embankment London SE1

nocturne in b flat minor op 9 no 1

London
13 February
1937

78: HMV DB 3186
78: Victor M 461
LP: HMV ALP 1701
LP: Angel IB 6133
LP: EMI 1C153 50354-50360/
    1C187 00162-00163
CD: EMI CHS 764 4912/CHS 764 9332
CD: Grammofono AB 78654-78657
CD: Magic Talent MT 48064

New York
26 September
1950

45: Victor WDM 1570
LP: Victor LM 2175/LM 6005/LM 6802
LP: HMV ALP 1157

New York
30 August
1965

LP: Victor LM 7050/LSC 7050/RB 6731/
    SB 6732/SER 5692
CD: RCA/BMG RD 89563/GD 85613/
    GD 60822

nocturne in e flat op 9 no 2

London
30 October
1936

78: HMV DB 3186
78: Victor M 461
LP: HMV ALP 1701
LP: Angel IB 6133
LP: EMI 1C153 50354-50360/
    1C187 00162-00163
CD: EMI CHS 764 4912/CHS 764 9332
CD: Grammofono AB 78654-78657
CD: Magic Talent MT 48064

New York
29 June
1949

45: Victor WDM 1558/WDM 1570
LP: Victor LM 1153/LM 2175/LM 6005/LM 6802
LP: HMV ALP 1157

New York
30 August
1965

LP: Victor LM 4000/LM 7050/LSC 4000/
    LSC 7050/RB 6731/SB 6731/
    SB 6874/SER 5692
CD: RCA/BMG RD 89563/GD 85613/
    GD 60822/74321 341752

nocturne in b op 9 no 3

London
14 February
1937

78: HMV DB 3187
78: Victor M 461
LP: HMV ALP 1701
LP: EMI 1C153 50354-50360/
    1C187 00162-00163
LP: Angel IB 6133
CD: EMI CHS 764 4912/CHS 764 9332
CD: Grammofono AB 78654-78657
CD: Magic Talent MT 48064

New York
26 September
1950

45: Victor WDM 1570/ERB 7015
LP: Victor LM 2175/LM 6005/
    LM 6802/LRM 7015
LP: HMV ALP 1157

New York
30 August
1965

LP: Victor LM 7050/LSC 7050/RB 6731/
    SB 6731/SER 5692
CD: RCA/BMG RD 89563/GD 85613/
    GD 60822

nocturne in f op 15 no 1

London
14 February
1937

78: HMV DB 3187
78: Victor M 461
LP: HMV ALP 1701
LP: Angel IB 6133
LP: EMI 1C153 50354-50360/
    1C187 00162-00163
CD: EMI CHS 764 4912/CHS 764 9332
CD: Grammofono AB 78654-78657
CD: Magic Talent MT 48064

New York
26 September
1950

45: Victor WDM 1570
LP: Victor LM 2175/LM 6005/LM 6802
LP: HMV ALP 1157

New York
30 August
1965

LP: Victor LM 7050/LSC 7050/RB 6731/
    SB 6731/SER 5692
CD: RCA/BMG RD 89563/GD 85613/
    GD 60822

nocturne in f sharp op 15 no 2

1919   Duo Art piano roll 6162-4/D 85

London   78: HMV DB 3188
19 October   78: Victor M 461
1936   LP: HMV ALP 1701
                              LP: Angel IB 6133
                              LP: EMI 1C153 50354-50360/
                                  1C187 00162-00163
                              CD: EMI CHS 764 4912/CHS 764 9332
                              CD: Grammofono AB 78654-78657
                              CD: Magic Talent MT 48064

New York   45: Victor WDM 1570/ERA 99
29 June   45: HMV 7ER 5030
1949   LP: Victor LM 2175/LM 6005/LM 6802
                              LP: HMV ALP 1157

Lugano   CD: Ermitage ERM 127
8 May
1961

New York   LP: Victor LM 4000/LM 7050/LSC 4000/
30 August   LSC 7050/RB 6731/SB 6731/
1965   SB 6874/SER 5692
                              CD: RCA/BMG RD 89563/RD 85613/
                                  GD 60822

Pasadena   CD: RCA/BMG 09026 611602
15 January   VHS Video: RCA/BMG 09026 611603
1975   Laserdisc: RCA/BMG 09026 611606

nocturne in g minor op 15 no 3

London
12 February
1937

78: HMV DB 3188
78: Victor M 461
LP: HMV ALP 1701
LP: Angel IB 6133
LP: EMI 1C153 50354-50360/
    1C187 00162-00163
CD: EMI CHS 764 4912/CHS 764 9332
CD: Grammofono AB 78654-78657
CD: Magic Talent MT 48064

New York
28 July
1949

45: Victor WDM 1570
LP: Victor LM 2175/LM 6005/LM 6802
LP: HMV ALP 1157

New York
30 August
1965

LP: Victor LM 7050/LSC 7050/RB 6731/
    SB 6731/SER 5692
CD: RCA/BMG RD 89563/RD 85613/
    GD 60822

nocturne in c sharp minor op 27 no 1

London
19 October
1936

78: HMV DB 3189
78: Victor M 461
LP: HMV ALP 1701
LP: Angel IB 6133
LP: EMI 1C153 50354-50360/
    1C187 00162-00163
CD: EMI CHS 764 4912/CHS 764 9332
CD: Grammofono AB 78654-78657
CD: Magic Talent MT 48064

New York
29 June
1949

45: Victor WDM 1570
LP: Victor LM 2175/LM 6005/LM 6802
LP: HMV ALP 1157

New York
30 August
1965

LP: Victor LM 7050/LSC 7050/RB 6731/
    SB 6731/SER 5692
CD: RCA/BMG RD 89563/RD 85613/
    GD 60822

nocturne in d flat op 27 no 2

London 30 October 1936	78: HMV DB 3190 78: Victor M 461 LP: HMV ALP 1701 LP: Angel IB 6133 LP: EMI 1C153 50354-50360/ 1C187 00162-00163 CD: EMI CHS 764 4912/CHS 9332 CD: Grammofono AB 78654-78657 CD: Magic Talent MT 48064
New York 29 June 1949	45: Victor WDM 1570 LP: Victor LM 2175/LM 6005/LM 6802 LP: HMV ALP 1157
Moscow 1 October 1964	LP: Melodiya C10 21325 004 CD: Cetra CDE 1024 CD: Revelation RV 10013

New York
31 August
1965
	LP: Victor LM 7050/LSC 7050/LSC 4000/
	    RB 6731/SB 6731/SB 6874/SER 5692/
	    OPO 1001/GL 42708
	CD: RCA/BMG RD 89563/RD 85613/
	    GD 60822

nocturne in b op 32 no 1

London 30 October 1936	78: HMV DB 3192 78: Victor M 462 LP: HMV ALP 1701 LP: Angel IB 6133 LP: EMI 1C153 50354-50360/ 1C187 00162-00163 CD: EMI CHS 764 4912/CHS 764 9332 CD: Grammofono AB 78654-78657 CD: Magic Talent MT 48064
New York 28 July 1949	45: Victor WDM 1570 LP: Victor LM 2175/LM 6005/LM 6802 LP: HMV ALP 1157

New York
31 August
1965
	LP: Victor LM 7050/LSC 7050/LSC 3339/
	    RB 6731/SB 6731/SB 6889/SER 5692
	CD: RCA/BMG RD 89563/RD 85613/
	    GD 60822

nocturne in a flat op 32 no 2

London
13 February
1937

78: HMV DB 3192
78: Victor M 462
LP: HMV ALP 1701
LP: Angel IB 6133
LP: EMI 1C153 50354-50360/
    1C187 00162-00163
CD: EMI CHS 764 4912/CHS 764 9332
CD: Grammofono AB 78654-78657
CD: Magic Talent MT 48064

New York
28 July
1949

45: Victor WDM 1570
LP: Victor LM 2175/LM 6005/LM 6802
LP: HMV ALP 1157

New York
31 August
1965

LP: Victor LM 5050/LSC 7050/LSC 4016/
    RB 6731/SB 6731/SB 6885/SER 5692
CD: RCA/BMG RD 89563/RD 85613/
    GD 60822

nocturne in g minor op 37 no 1

London
13 February
1937

78: HMV DB 3189
78: Victor M 461
LP: HMV ALP 1702
LP: Angel IB 6133
LP: EMI 1C153 50354-50360/
    1C187 00162-00163
CD: EMI CHS 764 4912/CHS 764 9332
CD: Grammofono AB 78654-78657
CD: Magic Talent MT 48064

New York
30 June
1949

45: Victor WDM 1570
LP: Victor LM 2176/LM 6005/LM 6802
LP: HMV ALP 1170

New York
31 August
1965

LP: Victor LM 7050/LSC 7050/RB 6732/
    SB 6732/SER 5692
CD: RCA/BMG RD 89563/RD 85613/
    GD 60822/74321 341752

nocturne in g op 37 no 2

London
20 October
1936

78: HMV DB 3191
78: Victor M 461
LP: HMV ALP 1702
LP: Angel IB 6133
LP: EMI 1C153 50354-50360/
    1C187 00162-00163
CD: EMI CHS 764 4912/CHS 764 9332
CD: Grammofono AB 78654-78657
CD: Magic Talent MT 48064

New York
26 September
1950

45: Victor WDM 1570/ERB 7015
LP: Victor LM 2176/LM 6005/LM 6802/LRM7015
LP: HMV ALP 1170

New York
31 August
1965

LP: Victor LM 7050/LSC 7050/RB 6732/
    SB 6732/SER 5692
CD: RCA/BMG RD 89563/RD 85613/
    GD 60822

nocturne in c minor op 48 no 1

London
14 February
1937

78: HMV DB 3193
78: Victor M 462
LP: HMV ALP 1702
LP: Angel IB 6133
LP: EMI 1C153 50364-50360/
    1C187 00162-00163
CD: EMI CHS 764 4912/CHS 764 9332
CD: Grammofono AB 78654-78657
CD: Magic Talent MT 48064

New York
29 July
1949

45: Victor WDM 1570
LP: Victor LM 2176/LM 6005/LM 6802
LP: HMV ALP 1170

New York
31 August
1965

LP: Victor LM 7050/LSC 7050/RB 6732/
    SB 6732/SER 5692
CD: RCA/BMG RD 89563/RD 85613/
    GD 60822

nocturne in f sharp minor op 48 no 2

London
29 May
1936

78: HMV DB 3193
78: Victor M 462
LP: HMV ALP 1702
LP: Angel IB 6133
LP: EMI 1C153 50354-50360/
    1C187 00162-00163
CD: EMI CHS 764 4912/CHS 764 9332
CD: Grammofono AB 78654-78657
CD: Magic Talent MT 48064

New York
29 July
1949

45: Victor WDM 1570/ERA 42
LP: Victor LM 2176/LM 6005/LM 6802
LP: HMV ALP 1170

New York
1 September
1965

LP: Victor LM 7050/LSC 7050/RB 6732/
    SB 6732/SER 5692
CD: RCA/BMG RD 89563/RD 85613/
    GD 60822

nocturne in f op 55 no 1

London
20 October
1936

78: HMV DB 3194
78: Victor M 462
LP: HMV ALP 1702
LP: Angel IB 6133
LP: EMI 1C153 50354-50360/
    1C187 00162-00163
CD: EMI CHS 764 4912/CHS 764 9332
CD: Grammofono AB 78654-78657
CD: Magic Talent MT 48064
CD: Iron Needle IN 1345

New York
30 June
1949

45: Victor WDM 1570/ERA 99
45: HMV 7ER 5030
LP: Victor LM 2176/LM 6005/LM 6802
LP: HMV ALP 1170

New York
1 September
1965

LP: Victor LM 7050/LSC 7050/RB 6732/
    SB 6732/SER 5692
CD: RCA/BMG RD 89563/RD 85613/
    GD 60822

nocturne in e flat op 55 no 2

London
28 May
1936

78: HMV DB 3194
78: Victor M 462
LP: HMV ALP 1702
LP: Angel IB 6133
LP: EMI 1C153 50354-50360/
    1C187 00162-00163
CD: EMI CHS 764 4912/CHS 764 9332
CD: Grammofono AB 78654-78657
CD: Magic Talent MT 48064
CD: Iron Needle IN 1345

New York
29 July
1949

45: Victor WDM 1570
LP: Victor LM 2176/LM 6005/LM 6802
LP: HMV ALP 1170

New York
21 February
1967

LP: Victor LM 7050/LSC 7050/RB 6732/
    SB 6732/SER 5692
CD: RCA/BMG RD 89563/RD 85613/
    GD 60822

nocturne in b op 62 no 1

London
13-14
February
1937

78: HMV DB 3195
78: Victor M 462
LP: HMV ALP 1702
LP: Angel IB 6133
LP: EMI 1C153 50354-50360/
    1C187 00162-00163
CD: EMI CHS 764 4912/CHS 764 9332
CD: Grammofono AB 78654-78657
CD: Magic Talent MT 48064

New York
29 July
1949

45: Victor WDM 1570
LP: Victor LM 2176/LM 6005/LM 6802
LP: HMV ALP 1170

New York
1 September
1965

LP: Victor LM 7050/LSC 7050/RB 6732/
    SB 6732/SER 5692
CD: RCA/BMG RD 89563/RD 85613/
    GD 60822

nocturne in e op 62 no 2

London
20 October
1936

78: HMV DB 3196
78: Victor M 462
LP: HMV ALP 1702
LP: Angel IB 6133
LP: EMI 1C153 50354-50360/
    1C187 00162-00163
CD: EMI CHS 764 4912/CHS 764 9332
CD: Grammofono AB 78654-78657
CD: Magic Talent MT 48064

New York
29 July
1949

45: Victor WDM 1570/ERA 216
LP: Victor LM 2176/LM 6005/LM 6802
LP: HMV ALP 1170

New York
1 September
1965

LP: Victor LM 7050/LSC 7050/RB 6732/
    SB 6732/SER 5692
CD: RCA/BMG RD 89563/RD 85613/
    GD 60822

nocturne in e minor op 72 no 1

London
2 April
1937

78: HMV DB 3196
78: Victor M 462
LP: HMV ALP 1702
LP: Angel IB 6133
LP: EMI 1C153 50354-50360/
    1C187 00162-00163
CD: EMI CHS 764 4912/CHS 764 9332
CD: Grammofono AB 78654-78657
CD: Magic Talent MT 48064

New York
26 September
1950

45: Victor WDM 1570/ERA 216
LP: Victor LM 2176/LM 6005/LM 6802
LP: HMV ALP 1170

New York
2 September
1965

LP: Victor LM 7050/LSC 7050/RB 6732/
    SB 6732/SER 5692
CD: RCA/BMG RD 89563/RD 85613/
    GD 60822

358   Rubinstein

polonaise in c sharp minor op 26 no 1

London
6-8
February
1935

78: HMV DB 2493
78: Victor M 353
LP: Angel IB 6131
LP: EMI 1C153 50354-50360/
    1C187 50357-50358
CD: EMI CHS 764 6972/CHS 764 9332
CD: Grammofono AB 78501/AB 78654-78657
CD: Magic Talent MT 48003
CD: Quintessence QIM 6326

New York
21 May
1951

45: Victor WDM 1629/ERA 121
45: HMV 7ER 5048
LP: Victor LM 1205/LM 6802/RB 16111
LP: HMV ALP 1028

New York
4 March
1964

LP: Victor LM 7037/LSC 7037/RB 6640/
    SB 6640/SER 5692
CD: RCA/BMG RD 89814/RD 85615/
    GD 60822

polonaise in e flat minor op 26 no 2

London
7 February
1935

78: HMV DB 2494
78: Victor M 353
LP: Angel IB 6131
LP: EMI 1C153 50354-50360/
    1C187 50357-50358
CD: EMI CHS 764 6972/CHS 764 9332
CD: Grammofono AB 78501/AB 78654-78657
CD: Magic Talent MT 48003
CD: Quintessence QIM 6326

New York
27 July
1950

45: Victor WDM 1629/ERA 121
45: HMV 7ER 5048
LP: Victor LM 1205/LM 6802/RB 16111
LP: HMV ALP 1028

New York
4 March
1964

LP: Victor LM 7037/LSC 7037/RB 6640/
    SB 6640/SER 5692
CD: RCA/BMG RD 89814/RD 85615/
    GD 60822

polonaise in a op 40 no 1

1919

London
5 December
1934

Ampico piano roll 57296H

78: HMV DB 2495
78: Victor M 353
LP: Angel IB 6131
LP: EMI 1C153 50354-50360/
    1C187 50357-50358
CD: EMI CHS 764 6972/CHS 764 9332
CD: Grammofono AB 78501/AB 78654-78657
CD: Magic Talent MT 48003
CD: Quintessence QIM 6326

New York
28 September
1950

45: Victor WDM 1629/ERA 76
45: HMV 7ER 5005
LP: Victor LM 1205/LM 6802/RB 16111
LP: HMV ALP 1028

New York
4 March
1964

LP: Victor LM 7037/LSC 7037/RB 6640/
    SB 6640/SER 5692
CD: RCA/BMG RD 89814/RD 85615/
    GD 60822/74321 341752

polonaise in c minor op 40 no 2

London
6 December
1934

78: HMV DB 2495
78: Victor M 353
LP: Angel IB 6131
LP: EMI 1C153 50354-50360/
    1C187 50357-50358
CD: EMI CHS 764 6972/CHS 764 9332
CD: Grammofono AB 78501/AB 78654-78657
CD: Magic Talent MT 48003
CD: Quintessence QIM 6326

New York
27 September
1950

45: Victor WDM 1629/ERA 99
45: HMV 7ER 5030
LP: Victor LM 1205/LM 6802/RB 16111
LP: HMV ALP 1028

New York
4 March
1964

LP: Victor LM 7037/LSC 7037/RB 6640/
    SB 6640/SER 5692
CD: RCA/BMG RD 89814/RD 85615/
    GD 60822

polonaise in f sharp minor op 44

1919	Duo Art piano roll 6505-4
London 29 January 1935	78: HMV DB 2496 78: Victor M 353 LP: Angel IB 6131 LP: EMI 1C153 50354-50360/ 1C187 50357-50358 CD: EMI CHS 764 6972/CHS 764 9332 CD: Grammofono AB 78501/AB 78654-78657 CD: Magic Talent MT 48003 CD: Quintessence QIM 6326
New York 12 May 1951	45: Victor WDM 1629 LP: Victor LM 1205/LM 6802/RB 16111 LP: HMV ALP 1028

New York
5 March
1964
	LP: Victor LM 7037/LSC 7037/RB 6640/
	    SB 6640/SER 5692
	CD: RCA/BMG RD 89814/RD 85615/
	    GD 60822

Moscow 1 October 1964	LP: Melodiya C10 21325 004 CD: Revelation RV 10013
1969	CD: Ermitage ERM 101

polonaise in a flat op 53

London
6 February
1935

78: HMV DB 2497
78: Victor M 353
LP: Angel IB 6131
LP: EMI 1C153 50354-50360/
    1C187 50357-50358
CD: EMI CHS 764 4912/CHS 764 9332
CD: Grammofono AB 78501/AB 78654-78657
CD: Magic Talent MT 48003
CD: Quintessence QIM 6326

New York
28 September
1950

45: Victor WDM 1629/ERA 76
45: HMV 7ER 5005
LP: Victor LM 1205/LM 6802/RB 16111
LP: HMV ALP 1028

Warsaw
22 February
1960

LP: Muza SX 18624
CD: Cetra CDE 1024

New York
6 March
1964

LP: Victor LM 7037/LSC 7037/RB 6640/
    SB 6640/SER 5692
CD: RCA/BMG RD 89814/RD 85615/
    GD 60822/74321 341752

Moscow
1 October
1964

LP: Melodiya C10 21327 004
CD: Revelation RV 10013

Milan
5 November
1970

CD: Arkadia CDGI 918

Pasadena
15 January
1975

CD: RCA/BMG 09026 611602
VHS Video: RCA/BMG 09026 611603
Laserdisc: RCA/BMG 09026 611606

362 Rubinstein

polonaise fantasy in a flat

London 5 December 1934	78: HMV DB 2498-2499 78: Victor M 353 LP: Angel IB 6131 LP: EMI 1C153 50354-50360/ 1C187 50357-50358 CD: EMI CHS 764 4912/CHS 764 9332 CD: Grammofono AB 78501/AB 78654-78657 CD: Magic Talent MT 48064 CD: Quintessence QIM 6326
New York 13 December 1950	45: Victor WDM 1643 LP: Victor LM 152/LM 2049/LM 6109/LM 6802 LP: HMV BLP 1027

New York
12 March
1964
	LP: Victor LM 7037/LSC 7037/RB 6640/
	    SB 6640/SER 5692
	CD: RCA/BMG RD 89814/RD 85615/
	    GD 60822

prélude no 1

1923	Duo Art piano roll 6811-4
New York 10 June 1946	78: Victor M 1260/V 24 78: HMV DB 45: Victor WDM 1260 LP: Victor LM 1163/LM 6802/RB 16110 LP: HMV ALP 1192 CD: RCA/BMG GD 60047/GD 60822

prélude no 2

New York 10 June 1946	78: Victor M 1260/V 24 78: HMV DB 45: Victor WDM 1260 LP: Victor LM 1163/LM 6802/RB 16110 LP: HMV ALP 1192 CD: RCA/BMG GD 60047/GD 60822

prélude no 3

New York
10 June
1946

78: Victor M 1260/V 24
78: HMV DB
45: Victor WDM 1260
LP: Victor LM 1163/LM 6802/RB 16110
LP: HMV ALP 1192
CD: RCA/BMG GD 60047/GD 60822

prélude no 4

1923

Duo Art piano roll 6811-4

New York
10 June
1946

78: Victor M 1260/V 24
78: HMV DB
45: Victor WDM 1260
LP: Victor LM 1163/LM 6802/RB 16110
LP: HMV ALP 1192
CD: RCA/BMG GD 60047/GD 60822

prélude no 5

New York
10 June
1946

78: Victor M 1260/V 24
78: HMV DB
45: Victor WDM 1260
LP: Victor LM 1163/LM 6802/RB 16110
LP: HMV ALP 1192
CD: RCA/BMG GD 60047/GD 60822

prélude no 6

New York
10 June
1946

78: Victor M 1260/V 24
78: HMV DB
45: Victor WDM 1260
LP: Victor LM 1163/LM 6802/RB 16110
LP: HMV ALP 1192
CD: RCA/BMG GD 60047/GD 60822

prélude no 7

New York
10 June
1946

78: Victor M 1260/V 24
78: HMV DB
45: Victor WDM 1260
LP: Victor LM 1163/LM 6802/RB 16110
LP: HMV ALP 1192
CD: RCA/BMG GD 60047/GD 60822

prélude no 8

New York
10 June
1946

78: Victor M 1260/V 24
78: HMV DB
45: Victor WDM 1260
LP: Victor LM 1163/LM 6802/RB 16110
LP: HMV ALP 1192
CD: RCA/BMG GD 60047/GD 60822

1969

CD: Ermitage ERM 101

Milan
5 November
1970

CD: Arkadia CDGI 918

Lugano
7 November
1970

CD: Ermitage ERM 127

prélude no 9

New York
10 June
1946

78: Victor M 1260/V 24
78: HMV DB
45: Victor WDM 1260
LP: Victor LM 1163/LM 6802/RB 16110
LP: HMV ALP 1192
CD: RCA/BMG GD 60047/GD 60822

prélude no 10

1923

Duo Art piano roll 6811-4

New York
10 June
1946

78: Victor M 1260/V 24
78: HMV DB
45: Victor WDM 1260
LP: Victor LM 1163/LM 6802/RB 16110
LP: HMV ALP 1192
CD: RCA/BMG GD 60047/GD 60822

prélude no 11

New York
20 June
1946

78: Victor M 1260/V 24
78: HMV DB
45: Victor WDM 1260
LP: Victor LM 1163/LM 6802/RB 16110
LP: HMV ALP 1192
CD: RCA/BMG GD 60047/GD 60822

prélude no 12

New York
20 June
1946

78: Victor M 1260/V 24
78: HMV DB
45: Victor WDM 1260
LP: Victor LM 1163/LM 6802/RB 16110
LP: HMV ALP 1192
CD: RCA/BMG GD 60047/GD 60822

prélude no 13

New York
20 June
1946

78: Victor M 1260/V 24
78: HMV DB
45: Victor WDM 1260
LP: Victor LM 1163/LM 6802/RB 16110
LP: HMV ALP 1192
CD: RCA/BMG GD 60047/GD 60822

prélude no 14

New York
10 June
1946

78: Victor M 1260/V 24
78: HMV DB
45: Victor WDM 1260
LP: Victor LM 1163/LM 6802/RB 16110
LP: HMV ALP 1192
CD: RCA/BMG GD 60047/GD 60822

prélude no 15

New York
10 June
1946

78: Victor M 1260/V 24
78: HMV DB
45: Victor WDM 1260
LP: Victor LM 1163/LM 6802/RB 16110
LP: HMV ALP 1192
CD: RCA/BMG GD 60047/GD 60822

1969

CD: Ermitage ERM 101

Milan
5 November
1970

CD: Arkadia CDGI 918

Lugano
7 November
1970

CD: Ermitage ERM 127

prélude no 16

New York
11 June
1946

78: Victor M 1260/V 24
78: HMV DB
45: Victor WDM 1260
LP: Victor LM 1163/LM 6802/RB 16110
LP: HMV ALP 1192
CD: RCA/BMG GD 60047/GD 60822

prélude no 17

New York
11 June
1946

78: Victor M 1260/V 24
78: HMV DB
45: Victor WDM 1260
LP: Victor LM 1163/LM 6802/RB 16110
LP: HMV ALP 1192
CD: RCA/BMG GD 60047/GD 60822

prélude no 18

New York
11 June
1946

78: Victor M 1260/V 24
78: HMV DB
45: Victor WDM 1260
LP: Victor LM 1163/LM 6802/RB 16110
LP: HMV ALP 1192
CD: RCA/BMG GD 60047/GD 60822

prélude no 19

New York
11 June
1946

78: Victor M 1260/V 24
78: HMV DB
45: Victor WDM 1260
LP: Victor LM 1163/LM 6802/RB 16110
LP: HMV ALP 1192
CD: RCA/BMG GD 60047/GD 60822

prélude no 20

New York
11 June
1946

78: Victor M 1260/V 24
78: HMV DB
45: Victor WDM 1260
LP: Victor LM 1163/LM 6802/RB 16110
LP: HMV ALP 1192
CD: RCA/BMG GD 60047/GD 60822

prélude no 21

1923

Duo Art piano roll 6811-4

New York
11 June
1946

78: Victor M 1260/V 24
78: HMV DB
45: Victor WDM 1260
LP: Victor LM 1163/LM 6802/RB 16110
LP: HMV ALP 1192
CD: RCA/BMG GD 60047/GD 60822

prélude no 22

New York
11 June
1946

78: Victor M 1260/V 24
78: HMV DB
45: Victor WDM 1260
LP: Victor LM 1163/LM 6802/RB 16110
LP: HMV ALP 1192
CD: RCA/BMG GD 60047/GD 60822

prélude no 23

New York
11 June
1946

78: Victor M 1260/V 24
78: HMV DB
45: Victor WDM 1260
LP: Victor LM 1163/LM 6802/RB 16110
LP: HMV ALP 1192
CD: RCA/BMG GD 60047/GD 60822

1969

CD: Ermitage ERM 101

Lugano
7 November
1970

CD: Ermitage ERM 127

prélude no 24

1923

Duo Art piano roll 6811-4

New York
11 June
1946

78: Victor M 1260/V 24
78: HMV DB
45: Victor WDM 1260
LP: Victor LM 1163/LM 6802/RB 16110
LP: HMV ALP 1192
CD: RCA/BMG GD 60047/GD 60822

1969

CD: Ermitage ERM 101

Milan
5 November
1970

CD: Arkadia CDGI 918

Lugano
7 November
1970

CD: Ermitage ERM 127

scherzo no 1

London
12 October
1932

78: HMV DB 1915
78: Victor M 189
LP: Angel IB 6131
LP: EMI 1C153 50354-50360/
    1C187 50357-50358/100 1871
CD: EMI CHS 764 6972/CHS 764 9332
CD: Grammofono AB 78654-78657
CD: Pearl GEMMCD 9464

New York
28 June
1949

45: Victor ERB 7015
LP: Victor LM 1132/LRM 7015
LP: HMV ALP 1136

New York
26 March
1959

LP: Victor LM 2368/LSC 2368/RB 16222/
    SB 2095/SER 5692
CD: RCA/BMG RD 89651/GD 60822

scherzo no 2

London
12-17
October
1932

78: HMV DB 1916
78: Victor M 189
LP: Angel IB 6131
LP: EMI 1C153 50354-50360/
    1C187 50357-50358/100 1871
CD: EMI CHS 764 6972/CHS 764 9332
CD: Grammofono AB 78654-78657
CD: Pearl GEMMCD 9464

New York
28 June
1949

45: Victor ERB 7015
LP: Victor LM 1132/LRM 7015
LP: HMV ALP 1136

New York
26 March
1959

LP: Victor LM 2368/LSC 2368/LSC 4016/
    RB 16222/SB 2095/SB 6885/SER 5692
CD: RCA/BMG RD 89651/GD 60822/
    74321 341752

1969

CD: Ermitage ERM 101

Milan
5 November
1970

CD: Arkadia CDGI 918

scherzo no 3

London
16 October
1932

78: HMV DB 1917
78: Victor M 189
LP: Angel IB 6131
LP: EMI 1C153 50354-50360/
    1C187 50357-50358/100 1871
CD: EMI CHS 764 6972/CHS 764 9332
CD: Grammofono AB 78654-78657
CD: Pearl GEMMCD 9464

New York
28 June
1949

45: Victor ERA 42/WEPR 42
LP: Victor LM 1132
LP: HMV ALP 1136

New York
26 March
1959

LP: Victor LM 2368/LSC 2368/LSC 3339/
    RB 16222/SB 2095/SB 6889/SER 5692
CD: RCA/BMG RD 89651/GD 60822

scherzo no 4

London
16 October
1932

78: HMV DB 1918
78: Victor M 189
LP: Angel IB 6131
LP: EMI 1C153 50354-50360/
    1C187 50357-50359/100 1871
CD: EMI CHS 764 6972/CHS 764 9332
CD: Grammofono AB 78654-78657
CD: Pearl GEMMCD 9464

New York
29 June
1949

LP: Victor LM 1132
LP: HMV ALP 1136

New York
25 March
1959

LP: Victor LM 2368/LSC 2368/RB 16222/
    SB 2095/SER 5692
CD: RCA/BMG RD 89651/GD 60822

16 February
1960

LP: Paragon LBI 53001

sonata no 2 "funeral march"

New York
11-29
March
1946

78: Victor M 1082
45: Victor WDM 1082/WDM 9008
LP: Victor LM 9008/LVT 1042
LP: HMV ALP 1447
CD: RCA/BMG GD 60047

New York
9-11
January
1961

LP: Victor LD 2554/LDS 2554/LM 3194/
    LSC 3194/RB 16282/SB 2151/SER 5692
CD: RCA/BMG RD 89812/RD 85616/
    GD 60822/74321 341752

Lugano
8 May
1961

CD: Ermitage ERM 108

Moscow
1 October
1964

LP: Melodiya C10 21325 004
CD: Revelation RV 10013

sonata no 3

New York
1 May
1959-
1 May
1961

LP: Victor LD 2554/LDS 2554/LM 3194/
    LSC 3194/RB 16282/SB 2151/SER 5692
CD: RCA/BMG RD 89812/RD 85616/
    GD 60822

tarantelle in a flat

New York
2 September
1965

LP: Victor LM 2889/LSC 2889/RB 6683/
    SB 6683/SER 5692
CD: RCA/BMG RD 89911/RD 85617/
    GD 60822

Rubinstein

valse in e flat op 18

New York
12 December
1953

45: Victor ERA 204
45: HMV 7ER 5072
LP: Victor LM 1892/LM 6802/RB 16150
LP: HMV ALP 1333

New York
25 June
1963

LP: Victor LM 2726/LSC 2726/LSC 4016/
 RB 6600/SB 6600/SB 6885/SER 5692
CD: RCA/BMG RD 89564/RD 85492/
 GD 60822

valse in a flat op 34 no 1

London
29 March
1929

78: HMV DB 1160
78: Victor 7012
LP: EMI 1C151 03244-03245
CD: EMI CHS 764 6972/CHS 764 9332
CD: Grammofono AB 78539/AB 78654-78657

New York
25 November
1953

45: Victor ERB 1892
LP: Victor LM 1892/LM 6802/RB 16150
LP: HMV ALP 1333

New York
25 June
1963

LP: Victor LM 2726/LSC 2726/LSC 3339/
 LSC 4000/RB 6600/SB 6600/SB 6874/
 SB 6889/SER 5692
CD: RCA/BMG RD 89564/RD 85492/
 GD 60822/74321 341752

Moscow
1 October
1964

LP: Melodiya C10 21327 004
CD: Revelation RV 10013

valse in a minor op 34 no 2

New York
12 December
1953

LP: Victor LM 1892/LM 6802/RB 16150
LP: HMV ALP 1333

New York
25 June
1963

LP: Victor LM 2726/LSC 2726/LSC 3339/
 RB 6600/SB 6600/SB 6889/SER 5692
CD: RCA/BMG RD 89564/RD 85492/
 GD 60822

Moscow
1 October
1964

LP: Melodiya C10 21327 004
CD: Cetra CDE 1024
CD: Revelation RV 10013/RV 60002

valse in f op 34 no 3

New York
25 November
1953

45: Victor ERB 1892
LP: Victor LM 1892/LM 6802/RB 16150
LP: HMV ALP 1333

New York
25 June
1963

LP: Victor LM 2726/LSC 2726/RB 6600/
    SB 6600/SER 5692
CD: RCA/BMG RD 89564/RD 85492/
    GD 60822

valse in a flat op 42

New York
27 November
1953

45: Victor ERB 1892
LP: Victor LM 1892/LM 6802/RB 16150
LP: HMV ALP 1333

New York
25 June
1963

LP: Victor LM 2726/LSC 2726/RB 6600/
    SB 6600/SER 5692
CD: RCA/BMG RD 89564/RD 85492/
    GD 60822

valse in d flat op 64 no 1

New York
27 November
1953

45: Victor ERA 204
45: HMV 7ER 5072
LP: Victor LM 1892/LM 6802/RB 16150
LP: HMV ALP 1333

New York
25 June
1963

LP: Victor LM 2726/LSC 2726/LSC 4000/
    ARL2-2359/RB 6600/SB 6600/
    SB 6874/SER 5692
CD: RCA/BMG RD 89564/RD 85492/
    GD 60822/74321 341752

valse in c sharp minor op 64 no 2

London 17 December 1930	78: HMV DB 1495 78: Victor M 110 CD: EMI CHS 764 6972/CHS 764 9332 CD: Grammofono AB 78654-78657
New York 6-13 November 1953	45: Victor ERB 1892 LP: Victor LM 1892/LM 6802/RB 16150 LP: HMV ALP 1333
1 February 1960	LP: Paragon LBI 53001
New York 25 June 1963	LP: Victor LM 2726/LSC 2726/LSC 4000/ RB 6600/SB 6600/SB 6874/SER 5692 CD: RCA/BMG RD 89564/RD 85492/ GD 60822
1969	CD: Ermitage ERM 101
Milan 5 November 1970	CD: Arkadia CDGI 918
Lugano 7 November 1970	CD: Ermitage ERM 127

valse in a flat op 64 no 3

New York 27 November 1953	45: Victor ERB 1892 LP: Victor LM 1892/LM 6802/RB 16150 LP: HMV ALP 1333
New York 25 June 1963	LP: Victor LM 2726/LSC 2726/RB 6600/ SB 6600/SER 5692 CD: RCA/BMG RD 89564/RD 85492/ GD 60822

valse in a flat op 69 no 1

New York
27 November
1953

45: Victor ERA 204
45: HMV 7ER 5072
LP: Victor LM 1892/LM 6802/RB 16150
LP: HMV ALP 1333

New York
25 June
1963

LP: Victor LM 2726/LSC 2726/LSC 4016/
RB 6600/SB 6600/SB 6885/SER 5692
CD: RCA/BMG RD 89564/RD 85492/
GD 60822

valse in b minor op 69 no 2

New York
6-13
November
1953

45: Victor ERB 1892
LP: Victor LM 1892/LM 6802/RB 16150
LP: HMV ALP 1333

New York
25 June
1963

LP: Victor LM 2726/LSC 2726/RB 6600/
SB 6600/SER 5692
CD: RCA/BMG RD 89564/RD 85492/
GD 60822

valse in g flat op 70 no 1

New York
27 November
1953

45: Victor ERA 204
45: HMV 7ER 5072
LP: Victor LM 1892/LM 6802/RB 16150
LP: HMV ALP 1333

New York
25 June
1963

LP: Victor LM 2726/LSC 2726/RB 6600/
SB 6600/SER 5692
CD: RCA/BMG RD 89564/RD 85492/
GD 60822

valse in f minor op 70 no 2

New York
27 November
1953

LP: Victor LM 1892/LM 6802/RB 16150
LP: HMV ALP 1333

New York
25 June
1963

LP: Victor LM 2726/LSC 2726/RB 6600/
SB 6600/SER 5692
CD: RCA/BMG RD 89564/RD 85492/
GD 60822

valse in d flat op 70 no 3

New York
12 December
1953

45: Victor ERB 1892
LP: Victor LM 1892/LM 6802/RB 16150
LP: HMV ALP 1333

New York
25 June
1963

LP: Victor LM 2726/LSC 2726/RB 6600/
     SB 6600/SER 5692
CD: RCA/BMG RD 89564/RD 85492/
     GD 60822

valse in e minor op posth.

New York
12 December
1953

45: Victor ERB 1892
LP: Victor LM 1892/LM 6802/RB 16150
LP: HMV ALP 1333

New York
25 June
1963

LP: Victor LM 2726/LSC 2726/RB 6600/
     SB 6600/SER 5692
CD: RCA/BMG RD 89564/RD 85492/
     GD 60822/74321 341 752

CLAUDE DEBUSSY (1862-1918)

la cathédrale engloutie/préludes book 1

1919	Ampico piano roll 57667H
London 24 January 1929	78: HMV DB 1258 78: Victor 7427/36289 LP: EMI 1C151 03244-03245 CD: Pearl GEMMCD 9464 CD: Grammofono AB 78539
New York 13 May 1952	LP: Victor LM 9008/LVT 1042 LP: HMV ALP 1477
New York 4 December 1961	LP: Victor LM 2605/LSC 2605/RB 6504/ SB 6504/RL 42024 CD: RCA/BMG RD 85670/09026 614452

danse

1919	Duo Art piano roll 6354-9

la fille aux cheveux de lin/préludes book 1

New York 13 May 1952	45: Victor ERA 86 45: HMV 7ER 5040 LP: Victor LM 9008/LVT 1042 LP: HMV ALP 1477

hommage à rameau/images

New York 4 January 1945	78: Victor M 998 CD: RCA/BMG 09026 614462
New York 14 May 1952	45: Victor ERA 86 45: HMV 7ER 5040
New York 30 October 1961	LP: Victor LM 2605/LSC 2605/RB 6504/ SB 6504/RL 42024 CD: RCA/BMG 09026 614452

378 Rubinstein

l'isle joyeuse

1924   Duo Art piano roll 6834-4

jardins sous la pluie/estampes

New York   78: Victor M 998
11 January   CD: RCA/BMG 09026 614462
1945

masques

New York   45: Victor ERA 86
14 May   45: HMV 7ER 5040
1952   LP: Victor LM 9008/LVT 1042
                                LP: HMV ALP 1477

minstrels/préludes book 1

New York   45: Victor ERA 86
13 May   45: HMV 7ER 5040
1952   CD: RCA/BMG 09026 614462

ondine/préludes book 2

New York   45: Victor ERA 216
13 May   LP: Victor LM 9008/LVT 1042
1952   LP: HMV ALP 1477

New York   LP: Victor LM 2605/LSC 2605/RB 6504/
3 November   SB 6504/RL 42024
1961   CD: RCA/BMG RD 85670/09026 614452

Moscow   LP: Melodiya C10 21327 004
1 October
1964

poissons d'or/images

New York 11 January 1945	78: Victor M 998 CD: RCA/BMG 90926 614462
New York 14 May 1952	LP: Victor LM 9008/LVT 1042 LP: HMV ALP 1477
New York 30 October 1961	LP: Victor LM 2605/LSC 2605/RB 6504/ SB 6504/RL 42024 CD: RCA/BMG RD 85670/09026 614452

prelude no 1/pour le piano

London 14 December 1931	78: HMV DB 2450 LP: EMI 1C151 03244-03245 CD: Grammofono AB 78539
Pasadena 15 January 1975	CD: RCA/BMG 09026 611602 VHS Video: RCA/BMG 09026 611603 Laserdisc: RCA/BMG 09026 611606

la plus que lente

1919	Duo Art piano roll 6182-3
New York 11 January 1945	78: Victor M 998 CD: RCA/BMG 09026 614462
New York 11 December 1950	45: Victor WDM 1558 LP: Victor LM 1153
New York June 1970	LP: Victor ARL1-3850/RL 13850
Pasadena 15 January 1975	CD: RCA/BMG 09026 611602 VHS Video: RCA/BMG 09026 611603 Laserdisc: RCA/BMG 09026 611606

380 Rubinstein

reflets dans l'eau/images

New York
11 January
1945

78: Victor M 998
CD: RCA/BMG 09026 614462

soirée dans grenade

New York
11 January
1945

78: Victor M 998
CD: RCA/BMG 09026 614462

la terrasse des audiences du clair de lune/préludes book 2

New York
14 May
1952

45: Victor ERA 216
LP: Victor LM 9008/LVT 1042
LP: HMV ALP 1477

ANTONIN DVORAK (1841-1904)

piano quartet no 2

New York 28 December 1970	Members of Guarneri Quartet	LP: Victor LSC 3340/SB 6884 CD: RCA/BMG RD 86256

piano quintet in a

New York 5-8 April 1971	Guarneri Quartet	LP: Victor LSC 3252 CD: RCA/BMG RD 86263

MANUEL DE FALLA (1876-1946)

noches en los jardines de espana

St Louis 14 November 1949	St Louis SO Golschmann	78: Victor M 1384 78: HMV DB 9708-9710/DB 21128-21130 45: Victor WDM 1384 LP: Victor LM 1091 LP: HMV ALP 1065 CD: RCA/BMG 09026 612612
San Francisco 25 March 1957	San Francisco SO Jorda	LP: Victor LM 2181/LM 2430/LSC 2430/ RB 16067/RB 16276/SB 2144 CD: RCA/BMG 09026 600462/09026 688862
Geneva 27 April 1960	Suisse Romande Orchestra Ansermet	LP: Grandi concerti GCL 61
Philadelphia 2 January 1969	Philadelphia Orchestra Ormandy	LP: Victor LSC 3165/SB 6841/AGL1-5205 CD: RCA/BMG RD 85666/09026 614962/ 09026 618632

andaluza/pièces espagnoles

New York
30 June
1949

78: Victor M 1384
78: HMV DB 21130
45: Victor WDM 1384
CD: RCA/BMG 09026 612612

miller's dance/el sombrero de 3 picos

New York
12 February
1954

45: Victor ERA 200
LP: Victor LM 2181/RB 16067
CD: RCA/BMG 09026 612612

dance of terror/el amor brujo

London　　　　　　　　　　78: HMV DA 1151
22 July　　　　　　　　　　78: Victor 1596
1930　　　　　　　　　　　 CD: Grammofono AB 78539

New York　　　　　　　　　 78: Victor 10-1326
8 May　　　　　　　　　　　45: Victor 49-0854
1947　　　　　　　　　　　 CD: RCA/BMG 09026 612612

ritual fire dance/el amor brujo

1923　　　　　　　　　　　 Duo Art piano roll 6755/D239

London　　　　　　　　　　78: HMV DA 1511
22 July　　　　　　　　　　78: Victor 1596
1930　　　　　　　　　　　 LP: EMI 1C151 03244-03245
　　　　　　　　　　　　　 CD: Grammofono AB 78539

New York　　　　　　　　　 78: Victor 10-1326
8 May　　　　　　　　　　　45: Victor 49-0854
1947　　　　　　　　　　　 LP: Victor LM 6074
　　　　　　　　　　　　　 CD: RCA/BMG 09026 612612

New York　　　　　　　　　 LP: Victor LM 2566/LSC 2566/OPO 1001/
23 March　　　　　　　　　 　　 ARL2-2359/GL 42708
1961　　　　　　　　　　　 CD: RCA/BMG RD 85666

GABRIEL FAURE (1845-1924)

piano quartet no 1

New York 26-27 August 1949	Members of Paganini Quartet	78: HMV DB 9595-9598 45: Victor WDM 1493 LP: Victor LM 52 LP: HMV BLP 1040
New York 28 December 1970	Members of Guarneri Quartet	LP: Victor ARL1-0761 CD: RCA/BMG RD 86256

nocturne no 3

London 13 November 1938	78: HMV DB 3718/DB 6467 78: Victor 15660
New York 5 April 1963	LP: Victor LM 2751/LSC 2751/RB 6603/ SB 6603/SB 6855/ARL2-2359 CD: RCA/BMG RD 85665/09026 614462

CESAR FRANCK (1822-1890)

variations symphoniques pour piano et orchestre

New York 14-19 April 1953	NYPSO Mitropoulos	CD: Music and Arts CD 655 CD: As-Disc AS 508 CD: Legends LGD 107 CD: Documents LV 980

New York
15 January
1958
	Symphony
	of the Air
	Wallenstein
		LP: Victor LM 2234/LSC 2234/LSC 3305/
		    RB 16087/SB 2023/AGL1-5217
		CD: RCA/BMG RD 85666/09026 614962/
		    09026 618632

prélude choral et fugue

New York 3-4 January 1945		78: Victor M 1004
New York 8-10 September 1952		LP: Victor LM 1822/RB 16005
New York June 1970		LP: Victor ARL1-3342/RL 13342 CD: RCA/BMG RD 85673/09026 625902

violin sonata in a

London 3 April 1937	Heifetz	78: HMV DB 3206-3208/DB 8362-8364 auto 78: Victor M 449 LP: Victor LCT 1122/LVT 1007 LP: Angel 60230 LP: EMI 1C137 154 4531 CD: EMI CHS 764 9292 CD: RCA/BMG 09026 617782 CD: Biddulph LAB 025

GEORGE GERSHWIN (1898-1937)

prelude no 2

New York   78: Victor 11-9420
11 March
1946

ENRIQUE GRANADOS (1867-1916)

the maiden and the nightingale/goyescas

London   78: HMV DB 1462
22 July   78: Victor 7403
1930   LP: EMI 1C027 143 5551
                                CD: Pearl GEMMCD 9464

New York   CD: RCA/BMG 09026 612612
30 June
1949

New York   45: Victor ERA 200
22 October   LP: Victor LM 2181/RB 16067
1952

Lugano   CD: Ermitage ERM 108
8 May
1961

spanish dance/andaluza

New York   45: Victor ERA 200
12 February   LP: Victor LM 2181/RB 16067
1954   CD: RCA/BMG 09026 612612

EDVARD GRIEG (1843-1907)

piano concerto

1939	Orchestra Voorhees	LP: Melodram MEL 304 First movement only
Philadelphia 6 March 1942	Philadelphia Orchestra Ormandy	78: Victor M 900 78: HMV DB 6234-6236/DB 9004-9006 auto CD: RCA/BMG 09026 608972/09026 618832
New York 22 August 1949	Victor Orchestra Dorati	78: Victor M 1343 45: Victor WDM 1343/ERB 16 LP: Victor LM 1018 LP: HMV ALP 1065 LP: HMV (France) FALP 162
New York 11 February 1956	Victor Orchestra Wallenstein	LP: Victor LM 2087/LM 6039/ LSC 2429/RB 16141 LP: HMV ALP 1414 CD: RCA/BMG RCD 15363
New York 10 March 1961	Victor Orchestra Wallenstein	LP: Victor LM 2256/LSC 2256/LSC 3338/ VCS 7070/DPS 2014/ARL1-4409/ CRL7-0725 CD: RCA/BMG RD 86259/09026 612612
London 25 November 1963	Philharmonia Giulini	CD: Intaglio INCD 7101
Croydon 22-24 April 1975	LSO Previn	VHS Video: Decca 071 1003 Laserdisc: Decca 071 1001

albumblatt in c sharp minor

New York 9 November 1953	45: Victor ERA 202 LP: Victor LM 1872 CD: RCA/BMG GD 60897/09026 618792/ 09026 618832

ballade in g minor

New York 6 November 1953	45: Victor ERB 50 LP: Victor LM 1872 CD: RCA/BMG GD 60897

berceuse/lyric pieces

New York
11 August
1953

45: Victor ERA 202
LP: Victor LM 1872
CD: RCA/BMG GD 60897

cradle song/lyric pieces

New York
4 November
1953

45: Victor ERB 50
LP: Victor LM 1872
CD: RCA/BMG GD 60897

elfin dance/lyric pieces

New York
11 August
1953

45: Victor ERB 50
LP: Victor LM 1872
CD: RCA/BMG GD 60897

2 folksongs/lyric pieces

New York
11 August
1953

45: Victor ERB 50
LP: Victor LM 1872
CD: RCA/BMG GD 60897

little bird/lyric pieces

New York
11 August
1953

45: Victor ERB 50
LP: Victor LM 1872
CD: RCA/BMG GD 60897

march of the dwarfs/lyric pieces

New York
4 November
1953

45: Victor ERA 202
LP: Victor LM 1872
CD: RCA/BMG GD 60897

papillon/lyric pieces

New York
12 December
1953

45: Victor ERA 202
LP: Victor LM 1872
CD: RCA/BMG GD 60897

shepherd boy/lyric pieces

New York
11 August
1953

45: Victor ERA 202
LP: Victor LM 1872
CD: RCA/BMG GD 60897

spring dance no 1/lyric pieces

New York
4 November
1953

45: Victor ERA 202
LP: Victor LM 1872
CD: RCA/BMG GD 60897

spring dance no 2/lyric pieces

New York
11 August
1953

45: Victor ERA 202/ERB 50
LP: Victor LM 1872
CD: RCA/BMG GD 60897

FRANZ JOSEF HAYDN (1732-1809)

andante and variations in f minor

New York
19 April
1960

LP: Victor LM 2635/LSC 2635/
    RB 6570/SB 6570
CD: RCA/BMG GD 87967

FRANZ LISZT (1811-1886)

piano concerto no 1

Philadelphia 1947	Philadelphia Orchestra Ormandy	LP: Melodram MEL 304
Dallas 11 February 1947	Dallas SO Dorati	78: Victor M 1114 78: HMB DB 9487-9488 45: Victor WDM 1114 LP: Victor LM 1018 LP: HMV (France) FALP 162 CD: RCA/BMG GD 60046
New York 12 February 1956	Victor Orchestra Wallenstein	LP: Victor LM 2068/LM 6039/LSC 2068/ LSC 2429/RB 16088/SB 2043/SB 2112/ AGL1-5212/CRL7-0725 CD: RCA/BMG RD 86255/09026 614962

piano sonata

New York 19 April 1965	LP: Victor LM 2871/LSC 2871/ RB 6667/SB 6667 CD: RCA/BMG RD 85673/09026 625902

consolation no 3

London 14 February 1937	78: HMV DB 3216 LP: EMI 1C151 03244-03245 CD: Grammofono AB 78539
New York 23 October 1953	LP: Victor LM 1905 CD: RCA/BMG 09026 618602

funérailles/harmonies poètiques et réligieuses

New York 6-11 November 1953	LP: Victor LM 1905 CD: RCA/BMG 09026 618602

hungarian rhapsody no 10

London
3 March
1937

78: HMV DB 3216
LP: EMI 1C151 03244-03245
CD: Grammofono AB 78539

New York
6-11
November
1953

45: Victor ERA 201
LP: Victor LM 1905
CD: RCA/BMG 09026 618602

hungarian rhapsody no 12

1910

Favorit 1-74612

1919

Ampico piano roll 58087H/70543

New York
6-11
November
1953

LP: Victor LM 1905
CD: RCA/BMG 09026 618602

liebestraum no 3

London
7 November
1935

78: HMV DB 2702
78: Victor 36337
LP: EMI 1C151 03244-03245
CD: Grammofono AB 78539

New York
12 December
1950

78: HMV DB 21567
45: Victor WDM 1558
LP: Victor LM 1153

New York
6-11
November
1953

LP: Victor LM 1905
CD: RCA/BMG 09026 618602

New York
1969

LP: Victor LS 10319/OPO 1001/GL 42708

mephisto waltz no 1

New York
28 December
1955

LP: Victor LM 1905
CD: RCA/BMG 09026 618602

Lugano
8 May
1961

CD: Ermitage ERM 108

valse impromptu in a flat

New York
23-27
October
1953

45: Victor ERA 201
LP: Victor LM 1905
CD: RCA/BMG 09026 618602

valse oubliée no 1

New York
18 March
1946

78: Victor 10-1272
78: HMV DA 1883

New York
11 December
1950

78: HMV DB 21567
45: Victor WDM 1558/ERA 41
45: HMV 7EB 6009
LP: Victor LM 1153
CD: RCA/BMG 09026 618602

New York
23 March
1961

LP: Victor LM 2566/LSC 2566/ARL2-2359

FELIX MENDELSSOHN-BARTHOLDY (1809-1847)

spinning song/lieder ohne worte

New York
12 December
1950

45: Victor WDM 1558/ERA 41
45: HMV 7EB 6009
LP: Victor LM 1153
CD: RCA/BMG GD 62662

New York
1969

LP: Victor LS 10319/OPO 1001/GL 42708

piano trio no 1

New York   Heifetz,
25 August   Piatigorsky
1950

78: Victor M 1487
45: Victor WDM 1487
LP: Victor LM 1119
LP: HMV ALP 1009
CD: RCA/BMG GD 61778/09026 617672

DARIUS MILHAUD (1892-1974)

saudades do bresil nos 5, 9 and 11

New York   78: Victor 11-9420
26 August
1946

FEDERICO MOMPOU (1893-1987)

cancó i danza 1

New York   LP: Victor LM 2181/RB 16067
28 December   CD: RCA/BMG GD 61261
1955

cancó i danza 6

New York   45: Victor ERA 200
12 February   CD: RCA/BMG GD 61261
1954

WOLFGANG AMADEUS MOZART (1756-1791)

piano concerto no 17

London July 1959	LSO Krips	Decca/RCA unpublished <u>Recording incomplete</u>
New York 30 March- 6 June 1962	Victor Orchestra Wallenstein	LP: Victor LM 2636/LSC 2636/RB 6578/ SB 6578/SER 5716-5718 CD: RCA/BMG 09026 618592

piano concerto no 20

London July 1959	LSO Krips	Decca/RCA unpublished <u>Recording incomplete</u>
New York 1 April 1961	Victor Orchestra Wallenstein	LP: Victor LM 2635/LSC 2635/RB 6570/ SB 6570/SER 5716-5718 CD: RCA/BMG GD 87967
London 25 November 1963	Philharmonia Giulini	CD: Intaglio INCD 7101

piano concerto no 21

New York
1 April
1961
	Victor Orchestra
	Wallenstein
		LP: Victor LM 2634/LSC 2634/RB 6532/
		    SB 6532/SER 5716-5718/AGL1-5243/
		    CRL7-0725/RL 43195
		CD: RCA/BMG GD 87967

piano concerto no 23

London 9 January 1931	LSO Barbirolli	78: HMV DB 1491-1493/DB 7217-7219 auto 78: Victor M 147 LP: EMI 1C137 154 4273
St Louis 14 November 1949	St Louis SO Golschmann	78: Victor M 1415 45: Victor WDM 1415 LP: Victor LM 1091 CD: RCA/BMG 09026 618592
Lugano 12 May 1953	Swiss-Italian Radio Orchestra Nussio	CD: Ermitage ERM 127
London July 1959	LSO Krips	Decca/RCA unpublished <u>Recording incomplete</u>
New York 30-31 March 1961	Victor Orchestra Wallenstein	LP: Victor LM 2634/LSC 2634/RB 6532/ SB 6532/SER 5716-5718/AGL1-5243 CD: RCA/BMG GD 87968

piano concerto no 24

New York 12 April 1958	Victor Orchestra Krips	LP: Victor LM 2461/LSC 2461/RB 16248/ SB 2177/SER 5716-5718 CD: RCA/BMG GD 87968

rondo in a minor

New York 22 December 1959		LP: Victor LM 2461/LSC 2461/RB 16248/ SB 2177/ARL1-3342/RL 13342 CD: RCA/BMG GD 87968

piano quartets nos 1 and 2

New York 8-9 April 1971	Members of Guarneri Quartet	LP: Victor ARL1-2676/RL 12676 CD: RCA/BMG GD 60406/09026 604062

FRANCIS POULENC (1899-1963)

intermezzo in a flat

New York
3 April
1963

LP: Victor LM 2751/LSC 2751/RB 6603/
    SB 6603/SB 6885/ARL2-2359
CD: RCA/BMG RD 85665/09026 614462

intermezzo in d flat

New York
3 April
1963

LP: Victor LM 2751/LSC 2751/RB 6603/
    SB 6603/SB 6885
CD: RCA/BMG RD 85665/09026 614462

mouvements perpétuels

London
13 November
1938

78: HMV DB 3718/DB 6467
78: Victor 15560

New York
5 April
1963

LP: Victor LM 2751/LSC 2751/RB 6603/
    SB 6603/SB 6885/ARL2-2359
CD: RCA/BMG RD 85665/09026 614462

napoli suite

London
1 October
1947

78: HMV DB 6614

SERGEI PROKOFIEV (1891-1953)

11 visions fugitives

New York
6 November
1961

LP: Victor LM 2605/LSC 2605/RB 6504/
    SB 6504/RL 42024
CD: RCA/BMG RD 85670/09026 614452
Selection comprises nos. 1,2,3,6,7,9,
10,11,12,14 and 16

vision fugitif no 12

Lugano
8 May
1961

CD: Ermitage ERM 108

march/l'amour des 3 oranges

New York
23 March
1961

LP: Victor LM 2566/LSC 2566/ARL2-2359/
    POP 1001/GL 42708
CD: RCA/BMG RD 85666

Lugano
8 May
1961

CD: Ermitage ERM 108

suggestion diabolique

1924

Duo Art piano roll 6922-4

SERGEI RACHMANINOV (1873-1943)

piano concerto no 2

Los Angeles September 1945	Hollywood Bowl SO Stokowski	CD: Biddulph LWH 041 <u>Unpublished Victor 78 rpm recording</u>
New York 27 May 1946	NBC SO Golschmann	78: Victor M 1075/V 6 78: HMV DB 6814-6818 45: Victor WDM 1075/ERB 12 LP: Victor LM 1005
Chicago 9 January 1956	Chicago SO Reiner	LP: Victor LM 6039/LM 2068/LSC 2068/ RB 16088/SB 2043/SB 2139/VCS 7070/ DPS 2014/AGL1-5212/CRL7-0725 LP: HMV ALP 1413 CD: RCA/BMG RD 84934/09026 618512
Philadelphia 23 November 1971	Philadelphia Orchestra Ormandy	LP: Victor ARL1-0031/RL 43195

rhapsody on a theme of paganini

London 16-17 September 1947	Philharmonia Susskind	78: HMV DB 6556-6558/DB 9188-9190 auto 78: Victor M 1269 45: Victor WDM 1269/ERB 1 LP: Victor LM 1744/LM 26 LP: HMV (France) FALP 253/FALP 1021 LP: EMI 1C137 154 4273
New York 26 March 1950	NYPSO De Sabata	CD: Nuova era NE 2232 CD: Originals SH 821
Chicago 16 January 1956	Chicago SO Reiner	LP: Victor LM 2087/LM 2430/LM 6039/ LSC 2087/LSC 2430/LSC 6039/LSC 3338/ RB 16141/RB 16276/SB 2144/ AGL1-5205/CRL7-0725/ARL1-4409 LP: HMV ALP 1414 CD: RCA/BMG RD 84934/09026 618512/ 09026 688862

prelude in c sharp minor

London 29 October 1936	78: HMV DB 3011 78: Victor 14276 LP: EMI 1C151 03244-03245 CD: Grammofono AB 78539
New York 11 December 1950	45: Victor WDM 1558/ERA 41 45: HMV 7EB 6009 LP: Victor LM 1153 CD: RCA/BMG 09026 626622

NIKOLAI RIMSKY-KORSAKOV (1844-1908)

le coq d'or, excerpts from the suite arranged by rubinstein

1924   Duo Art piano roll 6857-4/D 355

ANTON RUBINSTEIN (1829-1894)

barcarolle in a minor

1919   Ampico piano roll 57516H

barcarolle in g

New York
20 August
1953
                     45: Victor ERA 205
                     CD: RCA/BMG 09026 618602

barcarolle in g minor

New York
20 August
1953
                     45: Victor ERA 205
                     CD: RCA/BMG 09026 618602

valse caprice in e flat

London
7 November
1935
                     78: HMV DB 2702
                     78: Victor 36337
                     LP: EMI 1C151 03244-03245
                     CD: Grammofono AB 78539

New York
3 November
1953
                     45: Victor ERA 205
                     CD: RCA/BMG 09026 618602

MAURICE RAVEL (1875-1937)

forlane/le tombeau de couperin

London 23 February 1934	78: HMV DB 2450 CD: Grammofono AB 78539
New York 23 March 1961	LP: Victor ARL1-3850/RL 13850 CD: RCA/BMG RD 85665/09026 614462

la vallée des cloches/miroirs

New York
5 April
1963

LP: Victor LM 2751/LSC 2751/RB 6603/
  SB 6603/SB 6855/ARL2-2359
CD: RCA/BMG RD 85665/09026 614462

valses nobles et sentimentales

New York
31 January
1963

LP: Victor LM 2751/LSC 2751/RB 6603/
  SB 6603/SB 6855
CD: RCA/BMG RD 85665/09026 614462

piano trio in a minor

New York 28 August 1950

Heifetz,
Piatigorsky

78: Victor M 1486
78: HMV DB 9620-9622
45: Victor WDM 1486
LP: Victor LM 1119
LP: HMV ALP 1009
CD: RCA/BMG GD 87871/09026 617752/
  09026 617782

CAMILLE SAINT-SAENS (1835-1921)

piano concerto no 2

New York 14-19 April 1953	NYPSO Mitropoulos	CD: Music and Arts CD 655 CD: As-Disc AS 508 CD: Legends LGD 107 CD: Discantus (Greece) 189.6292
New York 14 January 1958	Symphony of the Air Wallenstein	LP: Victor LM 2234/LSC 2234/ RB 16269/SB 2139 CD: RCA/BMG 09026 614962
Philadelphia 2 January 1969	Philadelphia Orchestra Ormandy	LP: Victor LSC 3165/SB 6861 CD: RCA/BMG RD 85666/09026 618632
Croydon 22-24 April 1975	LSO Previn	VHS Video: Decca 071 1003 Laserdisc: Decca 071 1001

FRANZ SCHUBERT (1797-1828)

piano sonata no 21

New York 22 April 1965	CD: RCA/BMG RD 86257
New York 11 June 1969	LP: Victor LSC 3122/SB 6817

piano sonata no 18, third movement

London
29 October
1936

78: HMV DB 3011
78: Victor 14276
LP: EMI 1C151 03244-03245
CD: Grammofono AB 78539

wanderer fantasy

New York
20-24
April
1965

LP: Victor LM 2871/LSC 2871/
    RB 6667/SB 6667
CD: RCA/BMG RD 86257

impromptu d899 no 3

New York
29 March
1946

78: Victor M 1371
45: Victor WDM 1371
45: HMV (France) 7RF 247

New York
23 March
1961

LP: Victor LM 2636/LSC 2636/RB 6578/
    SB 6578/ARL2-2359
CD: RCA/BMG RD 86257

impromptu d899 no 4

London 18 April 1928	78: HMV DB 1160 78: Victor 7012 LP: EMI 1C151 03244-03245 CD: Grammofono AB 78539
New York 11 December 1950	45: Victor WDM 1558 45: HMV (France) 7RF 247 LP: Victor LM 1153
New York 23 March 1961	LP: Victor LM 2636/LSC 2636/ RB 6578/SB 6578 CD: RCA/BMG RD 86257

piano trio no 1

New York 13 September 1941	Heifetz, Feuermann	78: Victor M 923 45: Victor WCT 22 LP: Victor LM 7025/LCT 1017/LVT 1000/ AGL1-5244/LRM2-5093 CD: RCA/BMG 09026 609602/09026 617602/ 09026 717782
New York 13-19 April 1974	Szeryng, Fournier	LP: Victor ARL2-0731 CD: RCA/BMG GD 86262

piano trio no 2

New York 13-19 April 1974	Szeryng, Fournier	LP: Victor ARL2-0731

ROBERT SCHUMANN (1810-1856)

piano concerto

Philadelphia 1947	Philadelphia Orchestra Ormandy	LP: Melodram MEL 304
New York 9-10 May 1947	Victor Orchestra Steinberg	78: Victor M 1176 45: Victor WDM 1176 LP: Victor LM 1050 LP: HMV ALP 1465
New York 5-6 April 1958	Victor Orchestra Krips	LP: Victor LM 2256/LSC 2256/RB 16145/ 　　SB 2033/26.48064 CD: RCA/BMG 09026 614442
Naples 29 April 1964	RAI Napoli Orchestra Caracciolo	CD: Cetra CD 2027/CDE 1024 CD: Virtuoso 269.7102 CD: Arkadia CDHP 515
Chicago 8 March 1967	Chicago SO Giulini	LP: Victor LSC 2997/RB 6747/SB 6747/ 　　CRL7-0725/RL 43195 CD: RCA/BMG RD 86255
Montreal 11 February 1968	Montreal SO Mehta	CD: Music and Arts CD 655

arabesk

New York 11 March 1947	78: Victor M 1149
London October 1947	78: HMV DB 6492 45: HMV 7R 113 LP: EMI 1C151 03244-03245
New York 19 November 1961	LP: Victor ARL1-3850/RL 13850 CD: RCA/BMG GD 85670/09026 614452
New York 16 June 1969	LP: Victor LSC 3108/SB 6840/ARL2-2359 CD: RCA/BMG 09026 614412

carnaval

New York 27 October- 2 November 1953	LP: Victor LM 1822/RB 16005
New York 3 December 1962- 23 January 1963	LP: Victor LM 2669/LSC 2669/ RB 6547/SB 6547 CD: RCA/BMG RD 85667

études symphoniques

New York 19 November 1961	LP: Victor ARL1-3850/RL 13850 CD: RCA/BMG 09026 614442

fantasiestücke

1919	Ampico piano rolls 57304K and 57384K <u>Nos. 1 and 5 only</u>
New York 16 June 1949	78: Victor M 1335 45: Victor WDM 1335 LP: Victor LM 1072
Lugano 5 August 1961	CD: Ermitage ERM 108
New York 19 April- 3 December 1962	LP: Victor LM 2669/LSC 2669/ RB 6547/SB 6547 CD: RCA/BMG RD 85667
Moscow 1 October 1964	LP: Melodiya C10 21327 004 <u>No. 1 only</u>
Pasadena 15 January 1975	CD: RCA/BMG 09026 611602 VHS Video: RCA/BMG 09026 611603 Laserdisc: RCA/BMG 09026 611606
New York 21-23 April 1976	LP: Victor ARL1-2397/RL 12397

fantasy in c

New York
2 September
1965

LP: Victor ARL1-3427/RL 13427
CD: RCA/BMG RD 86258/09026 612642

kreisleriana

New York
28-29
December
1964

LP: Victor LSC 3108/SB 6840
CD: RCA/BMG RD 86258/09026 612642

nachtstück in f

New York
27 October
1953

45: Victor ERA 203

papillons

1921

Duo Art piano roll 6560-4

novelette no 1

New York
23 October
1953

45: Victor ERA 203

New York
24 April
1964

LP: Victor LSC 2997/RB 6747/SB 6747/
ARL1-3427/RL 13427
CD: RCA/BMG RD 86255

novelette no 2

New York
24 April
1964

LP: Victor LSC 2997/RB 6747/SB 6747/
ARL1-3427/RL 13427
CD: RCA/BMG RD 86255

romanze in f sharp

London 2 April 1937	78: HMV DB 3217 78: Victor 14946 LP: EMI 1C151 03244-03245 CD: Grammofono AB 78539
New York 12 December 1953	45: Victor ERA 203
New York 23 March 1961	LP: Victor LM 2566/LSC 2566 CD: RCA/BMG RD 85667

träumerei/kinderszenen

New York 12 March 1947	78: Victor M 1149
London 1 October 1947	78: HMV DB 6532 LP: EMI 1C151 03244-03245

vogel als prophet/waldszenen

New York 29 March 1946	78: Victor 10-1272 78: HMV DA 1883
New York 23 March 1961	CD: RCA/BMG RD 85667
New York 16 June 1969	LP: Victor LSC 3108/SB 6840/ARL2-2359

widmung, arranged by liszt

New York   78: Victor M 1149
12 March
1947

London   78: HMV DB 6532
1 October   LP: EMI 1C151 03244-03245
1947

piano quintet in e flat

New York   Paganini   78: Victor M 1419
25-26   Quartet   45: Victor WDM 1419
August   LP: Victor LM 1095
1949   LP: HMV BLP 1031

New York   Guarneri   LP: Victor LSC 6188/RB 6760/SB 6760/
30 December   Quartet   SER 5628-5630
1966   CD: RCA/BMG RD 85669

piano trio no 1

New York   Szeryng,   LP: Victor ARL3-0138/LRL1-7529
4-10   Fournier   CD: RCA/BMG GD 86262
September
1972

JOHANN STRAUSS II (1825-1899)

an der schönen blauen donau, probably arranged by rubinstein

1910   Favorit 1-74612

KAROL SZYMANOWSKI (1882-1937)

symphonie concertante for piano and orchestra

Los Angeles	Los Angeles PO	45: Victor WDM 1744
19 December	Wallenstein	LP: Victor LM 1744
1952		CD: RCA/BMG GD 60046

4 mazurkas

New York   78: Victor 11-9219
15 March   78: HMV DB 6347
1946   Recording comprises nos.
                            1,2,3 and 4

New York   LP: Victor LM 2605/LSC 2605/RB 6504/
1 November   SB 6504/RL 42024
1961   CD: RCA/BMG RD 85670/09026 614452
                            Recording comprises nos.
                            1,2,3 and 6

PIOTR TCHAIKOVSKY (1840-1893)

piano concerto no 1

London 9-10 June 1932	LSO Barbirolli	78: HMV DB 1731-1734/DB 7242-7245 auto 78: Victor M 180 LP: EMI 1C137 154 4273 CD: Claremont GSE 78.50.41
New York 24 March 1946	NYPSO Rodzinski	CD: As-Disc AS 519 CD: Legends LGD 127
Minneapolis 16 November 1946	Minneapolis SO Mitropoulos	78: Victor M 1159 45: Victor WDM 1159 LP: Victor LM 1028/VLS 45502 LP: HMV (France) FALP 275 CD: Palladio PD 4132
Boston 5 March 1963	Boston SO Leinsdorf	LP: Victor LM 2681/LSC 2681/LSC 3305/ RB 6551/SB 6551/VCS 7070/DPS 2014/ AGL1-5217/CRL7-0725/RL 43195 CD: RCA/BMG RD 86259/09026 612622

piano trio in a minor

New York 23-24 August 1950	Heifetz, Piatigorsky	78: Victor M 1488 45: Victor WDM 1488 LP: Victor LM 1120 CD: RCA/BMG GD 71778/09026 617672/ 09026 617702

HEITOR VILLA-LOBOS (1887-1959)

alegria na horta/suite florial

New York 4 November 1941	78: Victor M 970

branquinha/prole do bebé

New York 16-21 May 1941	78: Victor M 970
New York 30 October 1961	LP: Victor LM 2605/LSC 2605/RB 6504/ SB 6504/RL 42024 CD: RCA/BMG RD 85670/09026 614452

moreninha/prole do bebé

London 14 December 1931	78: HMV DB 1762 78: Victor 7863 LP: EMI 1C027 143 5551
New York 16-21 May 1941	78: Victor M 970
New York 30 October 1961	LP: Victor LM 2605/LSC 2605/RB 6504/ SB 6504/RL 42024 CD: RCA/BMG RD 85670/09026 614452

caboclinha/prole do bebé

New York 16-21 May 1941	78: Victor M 970

negrinha/prole do bebé

New York   78: Victor M 970
16-21
May
1941

New York   LP: Victor LM 2605/LSC 2605/RB 6504/
30 October   SB 6504/RL 42024
1961   CD: RCA/BMG RD 85670/09026 614452

pobrezinha/prole do bebé

London   78: HMV DB 1762
14 December   78: Victor 7863
1931   LP: EMI 1C027 143 5551

New York   78: Victor M 970
16-21
May
1941

New York   LP: Victor LM 2605/LSC 2605/RB 6504/
30 October   SB 6504/RL 42024
1961   CD: RCA/BMG RD 85670/09026 614452

polichinelle/prole do bebé

London 14 December 1931	78: HMV DB 1762 78: Victor 7863 LP: EMI 1C027 143 5551
New York 16-21 May 1941	78: Victor M 970
New York 23 March 1961	LP: Victor LM 2566/LSC 2566/OPO 1001/ ARL2-2359/GL 42708
New York 30 October 1961	LP: Victor LM 2605/LSC 2605/RB 6504/ SB 6504/RL 42024 CD: RCA/BMG RD 85670/09026 614452
Lugano 7 November 1970	CD: Ermitage ERM 127
Moscow 1 October 1964	LP: Melodiya C10 21327 004

bruxa/prole do bebé

New York 16-21 May 1941	78: Victor M 970
New York 30 October 1961	LP: Victor LM 2605/LSC 2605/RB 6504/ SB 6504/RL 42024 CD: RCA/BMG RD 85670/09026 614452

"His Master's Voice" NEW RECORDS

Photo by] [Benjamin, Paris
ARTHUR RUBINSTEIN
(See page 9)

MID-JULY 1928

credits

Valuable help with the supply of
information or illustration material
for these discographies came from

Ray Burford, Sony Classical London
Richard Chlupaty, London
Syd Gray, Hove
Michael Gray, Alexandria VA
Ken Jagger, EMI Classics London
Alan Newcombe, DG Hamburg
Brian Pinder, Halifax
Tully Potter, Billericay
Alan Sanders, Richmond
Malcolm Walker, Harrow

Music and Books published by Travis & Emery Music Bookshop:
Anon.: Hymnarium Sarisburiense, cum Rubricis et Notis Musicis.
Agricola, Johann Friedrich from Tosi: Anleitung zur Singkunst.
Bach, C.P.E.: edited W. Emery: Nekrolog or Obituary Notice of J.S. Bach.
Bateson, Naomi Judith: Alcock of Salisbury
Bathe, William: A Briefe Introduction to the Skill of Song (c.1587)
Bax, Arnold: Symphony #5, Arranged for Piano Four Hands by Walter Emery
Burney, Charles: The Present State of Music in France and Italy (1771)
Burney, Charles: The Present State of Music in Germany, Netherlands... (1773)
Burney, Charles: An Account of the Musical Performances ... Handel (1784)
Burney, Karl: Nachricht von Georg Friedrich Handel's Lebensumstanden (1784)
Burns, Robert: The Caledonian Musical Museum ... Best Scotch Songs (1810)
Cobbett, W.W.: Cobbett's Cyclopedic Survey of Chamber Music. (2 vols.)
Corrette, Michel: Le Maitre de Clavecin (1753)
Crimp, Bryan: Dear Mr. Rosenthal ... Dear Mr. Gaisberg ...
Crimp, Bryan: Solo: The Biography of Solomon
d'Indy, Vincent: Beethoven: Biographie Critique (in French, 1911)
d'Indy, Vincent: Beethoven: A Critical Biography (in English, 1912)
d'Indy, Vincent: César Franck (in French, 1910)
Fischhof, Joseph: Versuch einer Geschichte des Clavierbaues (1853).
Frescobaldi, Girolamo: D'Arie Musicali per Cantarsi. Primo & Secondo Libro.
Geminiani, Francesco: The Art of Playing the Violin (1751)
Handel; Purcell; Boyce et al: Calliope or English Harmony: Vol. First. (1746)
Häuser: Musikalisches Lexikon. 2 vols in one.
Hawkins, John: General History of the Science & Practice of Music (5 vols. 1776)
Herbert-Caesari, Edgar: The Science and Sensations of Vocal Tone
Herbert-Caesari, Edgar: Vocal Truth
Hopkins and Rimboult: The Organ. Its History and Construction.
Hunt, John: Adam to Webern: the recordings of von Karajan
Hunt, John: several discographies – see separate list.
Isaacs, Lewis: Hänsel and Gretel. A Guide to Humperdinck's Opera.
Isaacs, Lewis: Königskinder (Royal Children) A Guide to Humperdinck's Opera.
Kastner: Manuel Général de Musique Militaire
Lacassagne, M. l'Abbé Joseph : Traité Général des élémens du Chant.
Lascelles (née Catley), Anne: The Life of Miss Anne Catley.
Mainwaring, John: Memoirs of the Life of the Late George Frederic Handel
Malcolm, Alexander: A Treaty of Music: Speculative, Practical and Historical
Marx, Adolph Bernhard: Die Kunst des Gesanges, Theoretisch-Practisch (1826)
May, Florence: The Life of Brahms (2nd edition)
May, Florence: The Girlhood Of Clara Schumann: Clara Wieck And Her Time.
Mellers, Wilfrid: Angels of the Night: Popular Female Singers of Our Time
Mellers, Wilfrid: Bach and the Dance of God
Mellers, Wilfrid: Beethoven and the Voice of God
Mellers, Wilfrid: Caliban Reborn - Renewal in Twentieth Century Music

Music and Books published by Travis & Emery Music Bookshop:
Mellers, Wilfrid: François Couperin and the French Classical Tradition
Mellers, Wilfrid: Harmonious Meeting
Mellers, Wilfrid: Le Jardin Retrouvé, The Music of Frederic Mompou
Mellers, Wilfrid: Music and Society, England and the European Tradition
Mellers, Wilfrid: Music in a New Found Land: ... ... American Music
Mellers, Wilfrid: Romanticism and the Twentieth Century (from 1800)
Mellers, Wilfrid: The Masks of Orpheus: ...... the Story of European Music.
Mellers, Wilfrid: The Sonata Principle (from c. 1750)
Mellers, Wilfrid: Vaughan Williams and the Vision of Albion
Panchianio, Cattuffio: Rutzvanscad Il Giovine (1737)
Pearce, Charles: Sims Reeves, Fifty Years of Music in England.
Pettitt, Stephen: Philharmonia Orchestra: Complete Discography (1987)
Playford, John: An Introduction to the Skill of Musick (1674)
Purcell, Henry et al: Harmonia Sacra ... The First Book, (1726)
Purcell, Henry et al: Harmonia Sacra ... Book II (1726)
Quantz, Johann: Versuch einer Anweisung die Flöte traversiere zu spielen.
Rameau, Jean-Philippe: Code de Musique Pratique, ou Methodes (1760)
Rastall, Richard: The Notation of Western Music.
Rimbault, Edward: The Pianoforte, Its Origins, Progress, and Construction.
Rousseau, Jean Jacques: Dictionnaire de Musique
Rubinstein, Anton : Guide to the proper use of the Pianoforte Pedals.
Sainsbury, John S.: Dictionary of Musicians. Vol. 1. (1825). 2 vols.
Serré de Rieux, Jean de : Les dons des Enfans de Latone
Simpson, Christopher: A Compendium of Practical Musick in Five Parts
Spohr, Louis: Autobiography
Spohr, Louis: Grand Violin School
Tans'ur, William: A New Musical Grammar; or The Harmonical Spectator
Terry, Charles Sanford: John Christian Bach (Johann Christian Bach) (1929)
Terry, Charles Sanford: J.S. Bach's Original Hymn-Tunes for Congregational Use
Terry, Charles Sanford: Four-Part Chorals of J.S. Bach. (German & English)
Terry, Charles Sanford: Joh. Seb. Bach, Cantata Texts, Sacred and Secular.
Terry, Charles Sanford: The Origins of the Family of Bach Musicians.
Tosi, Pierfrancesco: Opinioni de' Cantori Antichi, e Moderni (1723)
Van der Straeten, Edmund: History of the Violoncello, The Viol da Gamba ...
Van der Straeten, Edmund: History of the Violin, Its Ancestors... (2 vols.)
Waltern: Musikalisches Lexicon
Walther, J. G.: Musicalisches Lexikon ober Musicalische Bibliothec

Travis & Emery Music Bookshop
17 Cecil Court, London, WC2N 4EZ, United Kingdom.
Tel. (+44) 20 7240 2129

© Travis & Emery 2009

Discographies by Travis & Emery:
Discographies by John Hunt.

1987: 978-1-906857-14-1: From Adam to Webern: the Recordings of von Karajan.
1991: 978-0-951026-83-0: 3 Italian Conductors and 7 Viennese Sopranos: 10 Discographies: Arturo Toscanini, Guido Cantelli, Carlo Maria Giulini, Elisabeth Schwarzkopf, Irmgard Seefried, Elisabeth Gruemmer, Sena Jurinac, Hilde Gueden, Lisa Della Casa, Rita Streich.
1992: 978-0-951026-85-4: Mid-Century Conductors and More Viennese Singers: 10 Discographies: Karl Boehm, Victor De Sabata, Hans Knappertsbusch, Tullio Serafin, Clemens Krauss, Anton Dermota, Leonie Rysanek, Eberhard Waechter, Maria Reining, Erich Kunz.
1993: 978-0-951026-87-8: More 20th Century Conductors: 7 Discographies: Eugen Jochum, Ferenc Fricsay, Carl Schuricht, Felix Weingartner, Josef Krips, Otto Klemperer, Erich Kleiber.
1994: 978-0-951026-88-5: Giants of the Keyboard: 6 Discographies: Wilhelm Kempff, Walter Gieseking, Edwin Fischer, Clara Haskil, Wilhelm Backhaus, Artur Schnabel.
1994: 978-0-951026-89-2: Six Wagnerian Sopranos: 6 Discographies: Frieda Leider, Kirsten Flagstad, Astrid Varnay, Martha Moedl, Birgit Nilsson, Gwyneth Jones.
1995: 978-0-952582-70-0: Musical Knights: 6 Discographies: Henry Wood, Thomas Beecham, Adrian Boult, John Barbirolli, Reginald Goodall, Malcolm Sargent.
1995: 978-0-952582-71-7: A Notable Quartet: 4 Discographies: Gundula Janowitz, Christa Ludwig, Nicolai Gedda, Dietrich Fischer-Dieskau.
1996: 978-0-952582-72-4: The Post-War German Tradition: 5 Discographies: Rudolf Kempe, Joseph Keilberth, Wolfgang Sawallisch, Rafael Kubelik, Andre Cluytens.
1996: 978-0-952582-73-1: Teachers and Pupils: 7 Discographies: Elisabeth Schwarzkopf, Maria Ivoguen, Maria Cebotari, Meta Seinemeyer, Ljuba Welitsch, Rita Streich, Erna Berger.
1996: 978-0-952582-77-9: Tenors in a Lyric Tradition: 3 Discographies: Peter Anders, Walther Ludwig, Fritz Wunderlich.
1997: 978-0-952582-78-6: The Lyric Baritone: 5 Discographies: Hans Reinmar, Gerhard Huesch, Josef Metternich, Hermann Uhde, Eberhard Waechter.
1997: 978-0-952582-79-3: Hungarians in Exile: 3 Discographies: Fritz Reiner, Antal Dorati, George Szell.
1997: 978-1-901395-00-6: The Art of the Diva: 3 Discographies: Claudia Muzio, Maria Callas, Magda Olivero.
1997: 978-1-901395-01-3: Metropolitan Sopranos: 4 Discographies: Rosa Ponselle, Eleanor Steber, Zinka Milanov, Leontyne Price.
1997: 978-1-901395-02-0: Back From The Shadows: 4 Discographies: Willem Mengelberg, Dimitri Mitropoulos, Hermann Abendroth, Eduard Van Beinum.
1997: 978-1-901395-03-7: More Musical Knights: 4 Discographies: Hamilton Harty, Charles Mackerras, Simon Rattle, John Pritchard.
1998: 978-1-901395-94-5: Conductors On The Yellow Label: 8 Discographies: Fritz Lehmann, Ferdinand Leitner, Ferenc Fricsay, Eugen Jochum, Leopold Ludwig, Artur Rother, Franz Konwitschny, Igor Markevitch.
1998: 978-1-901395-95-2: More Giants of the Keyboard: 5 Discographies: Claudio Arrau, Gyorgy Cziffra, Vladimir Horowitz, Dinu Lipatti, Artur Rubinstein.
1998: 978-1-901395-96-9: Mezzo and Contraltos: 5 Discographies: Janet Baker, Margarete Klose, Kathleen Ferrier, Giulietta Simionato, Elisabeth Hoengen.

1999: 978-1-901395-97-6: The Furtwaengler Sound Sixth Edition: Discography and Concert Listing.
1999: 978-1-901395-98-3: The Great Dictators: 3 Discographies: Evgeny Mravinsky, Artur Rodzinski, Sergiu Celibidache.
1999: 978-1-901395-99-0: Sviatoslav Richter: Pianist of the Century: Discography.
2000: 978-1-901395-04-4: Philharmonic Autocrat 1: Discography of: Herbert Von Karajan [Third Edition].
2000: 978-1-901395-05-1: Wiener Philharmoniker 1 - Vienna Philharmonic and Vienna State Opera Orchestras: Discography Part 1 1905-1954.
2000: 978-1-901395-06-8: Wiener Philharmoniker 2 - Vienna Philharmonic and Vienna State Opera Orchestras: Discography Part 2 1954-1989.
2001: 978-1-901395-07-5: Gramophone Stalwarts: 3 Separate Discographies: Bruno Walter, Erich Leinsdorf, Georg Solti.
2001: 978-1-901395-08-2: Singers of the Third Reich: 5 Discographies: Helge Roswaenge, Tiana Lemnitz, Franz Voelker, Maria Mueller, Max Lorenz.
2001: 978-1-901395-09-9: Philharmonic Autocrat 2: Concert Register of Herbert Von Karajan Second Edition.
2002: 978-1-901395-10-5: Sächsische Staatskapelle Dresden: Complete Discography.
2002: 978-1-901395-11-2: Carlo Maria Giulini: Discography and Concert Register.
2002: 978-1-901395-12-9: Pianists For The Connoisseur: 6 Discographies: Arturo Benedetti Michelangeli, Alfred Cortot, Alexis Weissenberg, Clifford Curzon, Solomon, Elly Ney.
2003: 978-1-901395-14-3: Singers on the Yellow Label: 7 Discographies: Maria Stader, Elfriede Troetschel, Annelies Kupper, Wolfgang Windgassen, Ernst Haefliger, Josef Greindl, Kim Borg.
2003: 978-1-901395-15-0: A Gallic Trio: 3 Discographies: Charles Muench, Paul Paray, Pierre Monteux.
2004: 978-1-901395-16-7: Antal Dorati 1906-1988: Discography and Concert Register.
2004: 978-1-901395-17-4: Columbia 33CX Label Discography.
2004: 978-1-901395-18-1: Great Violinists: 3 Discographies: David Oistrakh, Wolfgang Schneiderhan, Arthur Grumiaux.
2006: 978-1-901395-19-8: Leopold Stokowski: Second Edition of the Discography.
2006: 978-1-901395-20-4: Wagner Im Festspielhaus: Discography of the Bayreuth Festival.
2006: 978-1-901395-21-1: Her Master's Voice: Concert Register and Discography of Dame Elisabeth Schwarzkopf [Third Edition].
2007: 978-1-901395-22-8: Hans Knappertsbusch: Kna: Concert Register and Discography of Hans Knappertsbusch, 1888-1965. Second Edition.
2008: 978-1-901395-23-5: Philips Minigroove: Second Extended Version of the European Discography.
2009: 978-1-901395--24-2: American Classics: The Discographies of Leonard Bernstein and Eugene Ormandy.

Discography by Stephen J. Pettitt, edited by John Hunt:
1987: 978-1-906857-16-5: Philharmonia Orchestra: Complete Discography 1945-1987

Available from: Travis & Emery at 17 Cecil Court, London, UK. (+44) 20 7 240 2129. email on sales@travis-and-emery.com .

© Travis & Emery 2009